U0154414

財團法人臺北市賈馥茗教授教育基金會
財團法人黃昆輝教授教育基金會　　共同策劃

當前臺灣重大教育問題的診斷與對策

黃昆輝　江文雄　吳明清
郭生玉　黃政傑　周愚文　主編

五南圖書出版公司 印行

編者序

本書發想於財團法人臺北市賈馥茗教授教育基金會與民視電視公司於105年中共同規劃製作「公義臺灣、優質教育」系列座談節目，自當年7月起連續每週日下午探討一項臺灣當前重要教育問題，至9月初止前後共討論了十個問題，製播了十一集。由於每個問題都很複雜，短短一小時的節目，與談人們很難深入、完整的陳述個人的看法。有鑑於此，基金會黃昆輝董事長認為有必要再接續作完整的論述，於是11月時由基金會出面，邀請原與談人們針對原先發言主題，以2千至3千字方式，從問題的診斷與解決對策的提出，具體扼要地表達自己的想法與主張。直至106年4月止十個議題，共有28位學者專家賜稿。每一問題文稿再請原議題五位分組召集人審閱，並提供問題背景的說明，如此可讓讀者對該問題有一個系統且完整的認識。因為各問題都很有爭議性，各方意見不一定相同，所以邀稿時基金會特別表明將尊重各作者的立場與主張，以反映社會多元的聲音。

全書共11萬餘字，分三部分，第一部分是導言，由黃昆輝董事長更全面完整的分析臺灣教育當前所遇到的重大且亟待解決的問題。之後，依照議題的性質與類別，分為兩大部分，第二部分上篇是「教育政策與制度問題的診斷與對策」，依教育階段，依序討論：「國民教育如何向下延伸？」「全面免試與就近入學可行嗎？」「技職教育如何翻轉？」「中小學課綱如何制定？」「大學必須併校退場嗎？」等五大問題。第三部分下篇是「學校行政與教育問題的診斷與對策」，依序探討中小學學校內部：「校長如何辦好教育？」「品格教育能夠治本？」「如何讓孩子無憂無懼上學去？」「教師專業如何點亮臺灣教育？」「窮人如何

靠教育翻身？」等五大問題。整體上，問題範圍涵蓋了幼兒教育、國民教育、技職教育、高等教育、課程制定、校長領導、品格教育、校園安全、師資培育、弱勢教育等十大主題。而以上章節順序的安排，異於一般按教育階段或教育理論的作法，而希望以突顯問題的方式，吸引讀者的興趣，進而讓讀者有一完整且全面的認識。

　　本書編輯的目的，不是只對當前教育問題提出批評，而是希望本於知識分子對社會的關懷與責任，進一步能對問題作深入的分析診斷，再提出合理可行的解決對策，以供教育當局參考，並對實際有所改進。

　　最後，本書得以順利出版，首先要感謝時任民視電視公司副董事長、總經理陳剛信先生及新聞部優質團隊對「公義臺灣、優質教育」節目製播毫無保留的投入。其次要感謝財團法人臺北市賈馥茗教授教育基金會及財團法人黃昆輝教授教育基金會共同支持，及參與本書的規劃與出版。最後要感謝五南圖書出版公司楊榮川董事長願意協助出版與發行。

基金會編輯委員會謹誌

2017年8月

目　錄

表目錄

導言：檢視教育與教改問題

財團法人臺北市賈馥茗教育基金會董事長
財團法人黃昆輝教授教育基金會董事長　　　黃昆輝

我國教改推動20餘年，至今仍紛紛擾擾，家長不滿意，教師有意見，校長與行政人員也頗多怨言，學生深受其苦，社會輿論的的批評更未曾間斷。教改爭議不斷，教育問題也層出不窮，實令人擔憂。

民視一向非常關心教育、重視教育，時任總經理陳剛信先生建議昆輝出面邀請學者、專家針對當前重要教育與教改問題進行研討，探求解決之道。昆輝身為老教育工作者，自覺義不容辭，乃欣然應允；並決定由民視與賈馥茗教授教育基金會合作規劃推動此項研討工作。

這次研討工作分兩階段進行，首先邀集學者、專家及實務工作者討論擬訂研討議題。有鑑於當前教育問題千頭萬緒，難以全面討論，最後決定先提出十項「亟待解決，且影響深遠」的議題進行研討，包括「重建公義優質的中小學教育：十二年國教的根本問題」、「建立中小學課綱制定的正當機制：終結黑箱課綱」、「技職教育興革：翻轉技職教育，重建臺灣生機」、「因應少子化的高教政策」、「消除教育階級化」、「國民教育向下延伸：普及公共化的幼兒教育」、「提升中小學教師專業素養」、「中小學校長權責相符辦好教育」、「強化中小學校園安全」及「品格教育」。

第二階段則邀請對各議題長期研究的學者、從事實務工作者及關心人士分別進行密集研討。最後，民視特別開設「公義臺灣、優質教育」

論壇，分別邀請各議題推派代表分開討論。

民視也特別在這十場教育論壇之前，安排昆輝分析教改爭議不斷，教育問題層出不窮的問題癥結所在，並概述十項議題的要點，以作為論壇導言。

各界對教育問題的探討，對教改的批評已相當多了。我想提出一個最根本的問題，也就是「政治力」介入過深，無論執政或在野的，都想操控教育，以致無法理性探討問題，也難以維持教育政策的穩定性和延續性。在教改推動的過程，我們也看到不同立場之間的堅持與角力，政策不斷翻轉，讓師生無所適從；也無法從理性探討中，獲致正確的政策方向，提出周延的政策與可行的方案。因此，個人認為唯有「教育歸教育」，留下理性探討的空間，才能逐步解決當前千頭萬緒的教育問題。

其次，我也看到另一個決策方法上的根本問題。在改革的過程，難免要以進步國家的制度為借鏡，但往往忽略了國情之間的差異。其實，這些進步國家的教育制度都有它發展的背景和維持運作的條件，如果忽略了兩國之間的差異，全盤移植，往往落得「畫虎不成反類犬」。例如，引進美國的「綜合中學」制度，就忽略了我國與美國的社會和產業結構之間的落差，也未考量兩國教育資源的不等。此一制度的引進，摧毀了我們引以為傲，曾培育所需人才，促進臺灣經濟發展的技職教育體系。「廣設高中、大學」則是另一個案例，現在已產生不易解決的困境。

十二年國教和中小學課綱，都有「政治力過度介入」的痕跡。基本上，國民教育的目標就是要培育學生人格健全發展，且具有現代公民應有的基本素養，如民主與法治觀念、科學與職業態度、生活倫理與休閒方式，以及基本的學術和生活能力等。另透過歷史、地理課程，培養他們愛國、愛鄉的情操。如果擺脫政治的干擾，課綱的制定與教科書的編撰，依此準則施行，其實是再單純不過的事了。剩下的，就是要研訂

一個能達成上述目標的正當機制。我在這裡，還要再次強調，讓「教育歸教育」，培育出好國民、好公民，無論誰執政，人民都會成為協助執政，促進國家發展的大助力。

至於十二年國教，牽涉頗廣，爭議性也高。其中牽涉到學生學術進路與職業進路分流制度，要不要分流？如何分流？其次，大家最關心，爭議也最多的入學方式，令師生、家長備感困擾。大家都感受到入學方式愈來愈複雜，也有人批評這種複雜的入學方式，徒增弱勢家庭的負擔，形成另一種不公平，也助長補習班蓬勃發展。其實，真正有智慧的決策是「化繁為簡」，如此才能提高「公平競爭」的機會。

此外，十二年國教「名實相符與否」的爭議，既不免試，也非全面免費，能稱為國民教育嗎？課綱尚未搞定，就先實施，程序對嗎？至於九至十二年級要「就近入學」，可行性如何？這些爭議尚多，很值得深入去探討。

這些年來產業界對於技職人力學用落差日趨嚴重的現象，以及人力供需不平衡的問題，頗多抱怨，這與推動綜合中學，廣設高中大學的改制確實有相當大的關聯。過去，我們講求「教育計畫」，教育規劃與國家經濟社會發展密切配合，故能縮減人力供需的差距。現在，「教育沒計畫、規劃沒依據」，產生這種落差現象是必然的結果。技職教育存在內外兩大挑戰：對外，教育產出能否與產業界在質與量的需求密切配合？對內，有沒有足夠的資源不斷更新設備、課程和教材，跟上產業發展的腳步？而兩者互為表裡，相互影響。

在這方面，德國、瑞士和法國等重視技職教育的國家，都有其相當有效、成功的因應之道。大家或許熟知他們的產業界和技職學校有相當密切的合作。我們也引進所謂「建教合作」，但事實上，在合作的層面和範圍，以及執行上都有很大的落差。他們的產業界積極參與技職教育規劃，適時調整科系及招生人數，以縮減供需量差距；提供課程調整

意見，以拉近質的差異。他們的產學合作，不只是提供實習，而藉技術研究發展方案，提供設備更新、教材研發的經費，我曾經到這些國家考察，發現他們的教師並非依賴教科書上課，而需自己依據課程研發教材、製作教具。至於實習，也不能把學生當成廉價勞工，學生依據「工作單」，逐一學習、考核。這些國家都配合建立完善的證照制度，建立一個完整的技職教育體系。至於大學招生困境、生存問題，各界討論相當多，有主張擴大招收陸生、也有提出加速建立退場機制，尚須審慎評估。但必須把如何重建高教秩序、提升大學品質列入考量。

教育機會均等是憲法保障的基本人權。從教育發展歷程來看，教育機會均等是經過相當長期爭取才獲得的，現在，先進國家都普遍認同教育機會均等的理念，但實質上，仍存在許多不均等的現象。因此，這些國家都採取各種政策和措施，來維護人民教育機會均等的權益。

從另一個角度看，教育也是促使社會流動的主要動力；也就是說，來自社會階層較低家庭的孩子，能靠著教育獲得向上流動的機會，改善家庭經濟與生活環境，提升社會地位。以昆輝個人為例，我來自鄉下農家，因受惠於師範公費制度，才得以一路升學，從小學、中學教師，到擔任大學教授，又有機會轉任政府公職。

但是，從各種教育統計數據分析，我們來自弱勢家庭的孩子，進入公立學校，接受高等教育，跟一般家庭、中上家庭比較，所占比率偏低，差距也有逐年擴大的趨勢。因此，經研究小組討論，特別提出「消除教育階級化」這個議題，希望政府和社會能重視這個問題。

另外，研究小組也提出「國民教育向下延伸：普及公共化的幼兒教育」議題，私立幼兒教育費用相當高，對弱勢家庭，是非常沉重的經濟負擔，也影響教育機會均等，這是一項值得重視的問題。

另就此項議題的可行性來分析，目前少子化的影響，小學逐年減班，閒置的教室正可以加以利用；而過剩的教師經過再訓練，也得以勝

任，國民教育向下延伸的可行性也大為提升。

最近，青少年問題有明顯升高的跡象，校園暴力頻傳，吸毒問題嚴重，學生參與幫派依然不減；同時也傳出外力入侵校園事件，校園安全已亮起紅燈，令家長非常擔憂。

基本上，青少年適值身心較不穩定的階段，而現代社會變遷又快速，更加劇青少年自我調適的困難，再加上大環境的影響與電子資訊的助長，青少年問題就難免層出不窮。

其實不同年代，各有不同的青少年問題，過去我們也曾經歷過青少年飆車風潮，也為青少年吸毒氾濫，舉行全國反毒會議，向毒品宣戰。杜絕青少年問題，並不樂觀。但是有幾個重要觀念，對減少青少年問題相當重要。「預防重於處置，疏導勝於禁防」，必須研訂措施，提供適合青少年成長發展的環境。青少年模仿性強，感染力大，每當政治、社會混亂、動盪，青少年問題就悄然滋生。因此，成人必須提供良好的示範。現代青少年問題日趨複雜，絕非教育或一、兩個部門可獨立解決，必須整合相關部門，總體規劃，通力合作。現代社會變遷急遽，青少年的思想與行為模式隨之改變。因此，學校老師輔導觀念與策略也需因應調整。

有關教育界爆發「校長辭職潮」，已引起社會的高度關注，校長權責相符與否，也成話題。「校長難為」，已有退休校長投書描述得很詳細，道盡校長處境的困難。基本上，這牽涉到制度不夠周延、法令規定不夠完備所產生的問題。若進一步分析，這是當年教改運動為了反抗傳統威權領導，逐步建構出來的校長遴選制度與學校整體權力結構。我們可以理解，任何反抗傳統體制的改革運動，都不免提出「矯枉過正」的訴求；但在訴求達成之後，對於新建立的體制在施行一段時間後，就須檢視現實運作磨合的狀況，有無扞格、有無矛盾、有無窒礙難行之處？再逐一修訂，才能臻於完善。其實，這與當時「廣設高中、大學」訴求

的狀況雷同，都需再審慎評估，檢討修正，讓法令規定更為周延，制度更為完善。

至於「品格教育」，跟青少年問題有極密切的關係。長期以來，國內升學競爭一直都非常激烈，無論學校或家長都偏重智育，輕忽品格教育。同時，處於社會快速變遷下，若干傳統倫理道德逐漸式微，新的社會倫理尚待建立，也影響學校品格教育的實施。

研究小組討論，認為我們若要建立一個真正現代化的國家，現在就該重視品格教育，培育國人現代社會人的品格。英國被喻為西方成功學之父的司麥爾（S. Smiles）強調：「一個國家是否偉大，並不取決於其疆域的大小，而是取決於其人民的品格。」個人認為，當前我們尤需特別重視品格教育，而小學在沒有升學競爭壓力之下，學生可塑性又大，正是推動品格教育最佳階段。

至於教師專業素養方面，最近臺灣師大教育政策小組把「教師失去熱情」列為當前教育遭遇的三大困境之一。教師實為教育運作的核心、教育成敗的關鍵。「教育愛與教育熱情」則是教師教學與輔導學生的原動力。有愛，有熱情，教師才會成為一項崇高的志業；失去愛，失去熱情，教師就淪為一個領取薪水的工作而已。

當前社會與學校環境較為複雜，外力干擾學校亦多，外加業務也不少，這恐是教師失去熱情的重要原因。研究小組探討結果，認為一方面社會要多給予教師支持，讓學校環境單純化，提供教師發揮熱情與專業的空間。另一方面要提供教師在職進修的機會，讓他們適時充電，才能激發熱情。

有學者把國防力、經濟力與教育力並列為國力的三大指標。教育培育人才，實為國防與經濟發展的重要基礎之一。我要特別強調，教育，對臺灣尤為重要。因為我們缺乏天然資源，人力資源成為我國賴以發展的主要力量，過去，教育培育的人才也曾為我們創造「臺灣經濟奇

蹟」。目前，我國經濟發展已遭遇瓶頸，整體國家競爭力也逐步下滑，這與我們的教育成效有相當密切的關聯。在雷根總統時代，美國曾經發表《國家在危機之中》教育改革報告書，直指美國教育趨於「平庸化」，而推動一波學校教育改革運動。今天，我們的教育在鬆綁之後，也有漸趨平庸化的趨勢，這是很值得我們警惕、擔憂的。我們教育為因應經濟與國家整體發展，更需積極進行本身的改革，以發揮應有的功能。

但是很遺憾的，目前我們的教育也陷入若干困境，這主要來自我們在教改過程中過於躁進，產生法令規章不完備，制度欠周延，理想與實務有落差，執行有困難。為今之計，就必須真誠面對問題，理性探討癥結所在，逐一加以修補、調整。

最後，昆輝要特別提出一個重要的概念：教育不能採取「跳躍躁進的革命」，教育只能「綿延不斷的革新」。革命式的教改，一次提出太多改革的項目，分散經費、資源，難以樣樣都做好；即使經費充裕，資源豐富，執行者亦難以負荷。因此，教育必須適時發現問題，及時檢討改進，才能維持教育不斷地發展、進步。昆輝身為一個老教育工作者，也特別呼籲請教育工作同仁，我們要再發揮教育的熱情，齊力把教育導入正軌，再次發揮我們教育的力量，以促進國家社會的發展與進步。

上篇：教育政策與制度問題的診斷與對策

第一章

問題一：滿足需求，國民教育如何向下延伸？

第一節　問題背景

國教向下延伸之背景分析

前考選部政務次長　郭生玉

　　黃昆輝教授教育基金會2017年3月26日所公布的民調表示：長久以來，幼兒教育是政府在各級教育中，較不重視的教育之一。從教育部的統計資料觀之，幼兒教育的經費僅占教育總經費3.5%左右而已，是各級教育中最低的。由此可見，教育部忽視幼教的事實。因此導致目前幼教的問題層出不窮，舉舉大者有：其一，公私立幼兒園數量比例懸殊，嚴重失衡，其比例約為3：7。在人口密集地區，公立幼兒園常有一位難求現象，但有些地區則有乏人問津，招生不足情形。這明顯表示，公立幼兒園不但供給量不足，且有分布不均的嚴重問題。其二，幼教品質良莠不齊，公私立之間在師資、設備、課程與教學等方面落差很大。

　　有鑑於幼教問題的嚴重性，國教向下延伸一年，臺灣各界早有共識。在1984年「學制改革方案」中，已有此芻議。後來幾次的全國教育會議也提出類似的主張。但歷經30多年來，未見教育部有積極規劃推動的作為。去年總算看到新任潘文忠部長提出「公共化幼兒園」的政策，預計從2017到2020年內編列62億經費，增設一千班，約三萬名幼兒可受惠。此項政策雖值得肯定，但對國教向下延伸一年的目標，尚有相當的差距。

　　從世界各國的趨勢觀之，先進國家如美國，於1985年已提供5歲幼兒免費但非強迫的教育。同年，荷蘭將5歲幼兒納入12年的義務教育。英國則納入11年的義務教育；法國已將學前教育納入國民教育中。經濟發展不如臺灣的菲律賓、越南也都實施從5歲開始的義務教育；韓國則於2010年訂定「幼兒教育法」，在入小學前一年全部無償教育。可見國教向下延伸一年，早已是世界很多國家的共同趨勢，臺灣應及早實施，刻不容緩。

　　臺灣少子化問題，十分嚴重，加上年輕人所得倒退十幾年，負擔不起幼兒的教育費用。政府若能善用少子化減班所空下的閒置教室，規劃公共幼兒園，或委由優秀私立幼兒園及民間社會團體辦理公辦民營幼兒園，則可為年輕人解決幼兒教育問題。這正是國教向下延伸的良好契機。2016年5歲幼兒入園率高達96%，也提供國教向下延伸一年的成熟時機。

　　為了提升幼教品質，實現社會公平正義，以及厚植國家競爭力，站上世界舞臺，教育部應以大破大立的格局，及早實施國教向下延伸一年的政策，以開創幼教的新局。此一政策和既定的「公共幼兒園」政策，可以並行不悖，兩者具有相輔相成的效果。

第二節　問題診斷與對策

幼教義務化　時機刻不容緩

前臺北市教育局副局長　馮清皇

　　將5歲以上兒童納入義務教育範圍之芻議，我國早在1984年「學制改革方案」中被提出，1988年「第六次全國教育會議」更有國教向下延伸一年之倡議。此後，包括1994年「第七次全國教育會議」、1996年《教育改革總諮議報告書》、2003年「全國教育發展會議」，皆決議將5歲幼兒教育納入國民教育體系；另從幼兒入園率來看，2016年全國5歲幼兒入園率已高達96%，顯示各界對國教向下延伸已深有共識。

　　然過往30年間，或因政策價值走向的選擇（公營或民營孰優？），或因教育財政孰來負擔的考量（中央或地方？）等理由，5歲幼兒教育義務化迄今仍未竟其功，不僅讓臺灣幼教遠離於世界發展之趨勢，甚至連國民生產毛額遠低於我國的越南都不及，實屬可惜。

　　時至今日，少子女化現象日益嚴重，國民中小學班級數逐年驟減，卻也產出許多可供利用的教育資源，或許政府教育部門應該善用此一良機，以幼教義務化為施政策略，讓原公立中小學的閒置資源獲得充分使用，同時也可讓公私立幼兒園之間存在已久的教學品質不均的問題，獲得解決的空間，臺灣的幼兒教育也能正式有對外宣稱「已邁入世界先進國家之教育行列」的機會。

壹、以義務化優先使用國中小的餘裕空間

　　根據內政部戶政司（2016）資料顯示（如表1-1），過去10年
（2001～2010）臺灣少子女化的情形相當顯著，平均每年新生兒出生
人數減少約2～3萬人，其中以2010年僅有16.7萬人最為嚴重。且依行政
院經濟建設委員會針對我國2010～2060年人口所做的中度推計（如表
1-2），幼年人口數（0～14歲）將由2010年的363.4萬人持續減少，至
2060年減少為177.5萬人；而其中0至5歲學齡前人口亦將隨著出生數的
減少，由2010年的118.2萬人分別在未來的10年內減少15.5萬人，以及未
來的20年內減少20.5萬人。我國近5年來（2011～2016）新生兒出生數，
相較於2010年雖有止跌的跡象，然依行政院經建會之推估，幼兒持續減
少的問題，仍舊未獲舒緩。

表1-1　臺灣近30年新生兒之出生數與粗生率

年別	出生人數			粗出生率
	合計	男生	女生	
1981	414,069	213,948	200,121	22.97
1991	321,932	168,865	153,067	15.70
2001	260,354	135,596	124,758	11.65
2010	166,886	87,213	79,673	7.21
2011	196,627	101,943	94,684	8.48
2012	229,481	118,848	110,633	9.86
2013	199,113	103,120	95,993	8.53
2014	210,383	108,817	101,566	8.99
2015	213,598	111,041	102,557	9.10
2016	208,440	108,133	100,307	8.86

資料來源：內政部戶政司（2016）。臺灣歷年全國人口統計資料。

表1-2　我國2010～2060年0～5歲學齡前人口推計數

年別	幼年人口（0～14歲）年底人口數（千人）			0～5歲學齡前人口數（千人）
	高推估	中推估	低推估	
2010	3,638	3,634	3,630	1,182
2015	3,078	3,030	2,998	-
2020	2,816	2,726	2,634	1,027
2030	2,671	2,503	2,188	977
2040	2,531	2,243	1,726	821
2050	2,329	1,922	1,292	733
2060	2,274	1,775	1,048	689

資料來源：行政院經濟建設委員會（2010）。2010年至2060年臺灣人口推計，頁14～15。

　　新生兒出生率大幅降低，將衍生諸多國家與社會問題，然從教育觀點而言，幼兒人數的減少，也為學校帶來更多餘裕的空間與資源。根據教育部統計，104學年度公立國中小班級數78,456班，已較10年前減少10,000多班，而這種減班現象，經推估，未來5年內公立國中小仍會持續減少4,851個班級（聯合報，2016）。

　　對此問題，教育部縱使已有因應政策，然其活化的密度和頻率都很低，餘裕空間之使用情形並不充分。國中小乃至於未來高中職可能釋出的空餘教室如果閒置，不僅造成現有教育資源的浪費，其未來維護甚至拆除也將成另一種社會成本之負擔。承此，為善加利用此一教育資源，除積極進行教育翻轉、落實小班教學外，此時推動國教向下延伸，正式將5歲學齡兒童納入國教範疇，將是開創我國教育新局的最好時機。

貳、以義務化降低公私教學的品質落差

　　「教育良窳在教學，教學品質在師資。」為提供與確保教學品

質，世界經濟合作暨發展組織（OECD, 2012）在訂定有關教育制度指標（The Indicators of Education Systems, INES）時，特別將高品質的師資（其觀察之具體指標分別為「師生比」與「班級學生規模」）列入學校學習環境與組織的向度之中。

　　從表1-3我國公私立幼兒園師生比的分析資料，可以看出私立幼兒園的師資主要係以教保員居多，且所需負擔照顧的學生數也遠多於公立幼兒園，平均每班多13人，工作負擔顯然較重。另再從表1-4資料顯示，公私立幼兒園每年每位園生所享有的單位教育成本也有落差，如表所列，101～103學年度平均約相差新臺幣15,500元。對於私立幼兒園教師負擔重、經營成本低的辦學環境，其可能所產出的教學品質，實在令人憂慮。

表1-3　我國公私立幼兒園師生比

公立幼兒園			私立幼兒園		
園所數	教師數（比）	教保員數（比）	園所數	教師數（比）	教保員數（比）
1,984	6,689（3.37）	5,983（3.02）	4,378	5,602（1.28）	23,554（5.38）
公立幼兒園（2:22）			私立幼兒園（2:35）		
學生數	教師數（比）	教保員數（比）	學生數	教師數（比）	教保員數（比）
139,098	6,689（20.8）	5,983（23.2）	323,017	5,602（57.7）	23,554（13.7）

資料來源：教育部。中華民國103～105年版教育統計。

表1-4　我國公私立幼兒園每生教育單位成本比較

學年度	公立幼兒園			私立幼兒園			合計
	經費總支出	學生數	單位成本	經費總支出	學生數	單位成本	成本差額
101	15,459,334,000	131,423	117,630	35,964,276,000	328,230	109,570	8,060
102	17,635,204,000	132,019	133,580	35,015,672,000	316,170	110,749	22,831
103	17,693,989,000	134,267	131,782	36,065,999,000	310190	116,270	15,511

資料來源：教育部。中華民國103～105年版教育統計。

基此,透過公立國民中小學逐年減班所提供餘裕空間的運用,針對5歲幼齡兒童先行實施義務化教育,不僅可齊一現有公私立幼兒園教學環境,而且也可因班級教師員額的增加,降低公私立幼兒園教師教學的品質落差。

參、以義務化激勵政府合理的教育投資

依據表1-5統計結果顯示,101～103學年度學前幼兒教育僅約占教育總經費3.5%,明顯偏低(教育部,2015a)。進一步分析比較不同學制階段的各級學校,更可明顯看出幼兒園的經費比率是各級學校最低的,原因在於2～5歲幼兒雖均屬於學前教育,但大都為私人經營有關(可詳見表1-5所列公立幼兒園經費總支出)。

表1-5　我國公立幼兒園教育經費比率　　　　　　　　　　(單位:千元)

學年度	總計	幼兒園 (%)	國中小	高中職	大專
101	500,498,121	15,459,334 (3.09)	297,907,956	64,824,059	12,962,785
102	496,471,978	17,635,204 (3.55)	297,656,411	65,368,356	12,048,899
103	495,906,441	17,693,989 (3.57)	298,252,975	66,043,959	11,752,750

資料來源:教育部(2016)。中華民國105年版教育統計。

政府部門這種長期不重視幼兒教育經費投資,以致造成公幼一位難求,以及任憑家長高度承擔教育費用的壓力(公私立幼兒園學費差異,可詳見表1-6),民眾對此表示不滿,已透過最近由財團法人黃昆輝教授教育基金會所做的「重要教育議題民意調查」,給予非常明顯的答案。因此,如何透過幼教義務化的政策設計,以取得逐步增加幼教經費投資的正當性,值得教育當局予以重視。

表1-6 公私立幼兒園收費及退費標準（以臺中市、臺北市為例） 單位：元

收費項目		學費	雜費（每月）	代辦費（每月）	代辦費（每學期）	合計（每學期）
縣市名		臺中市				
全日制	公立	7,000	150	1,500	2,350	15,950
	私立	14,800	520	3,530	-	31,000
半日制	公立	4,500	150	1,250	1,900	12,000
	私立	9,700	520	1,630	-	18,300
縣市名		臺北市				
全日制	公立	7,000	2,955	2,585	120	12,660
	私立	15,000	14,400/5	4,000		74,400
半日制	公立	5,150	2,745	1,120	120	9,135
	私立	17,510	9,200/5.5	5,800		58,610

註：臺北市私立幼兒園因未訂定收費標準，所列數據係參考臺北市私立寶血、若石幼兒園103學年度之收費為例。

　　當聯合國教科文組織於2015年5月假韓國仁川市舉辦了2015年世界教育論壇，邀集來自160個國家，1,600多位與會者，共同通過《2030年教育仁川宣言》，鼓勵世界各國能於今後15年間，提供至少一年免費、義務、優質的學前教育，讓所有兒童接受優質幼兒發展、保育和教育的教育目標時（UNESCO, 2015），對於自稱身為國際一員的臺灣，實在沒有理由，也不應該在追求實現此一世界教育願景的途徑中缺席。相反的，更加應該結合各項已顯成熟的條件，為5歲幼教義務化的工作，投入一切可能實踐的努力。

國教向下延伸　厚植國家競爭力

國立臺灣師範大學師資培育與就業輔導處教授　張民杰

　　臺灣已經進入高齡化的社會，少子女化的現象正影響著社會的各個層面，對於教育更是一大衝擊。如何讓出生人口能夠不再下降，甚至穩定成長，是政府目前施政的重點之一。由於教育長期以來忽視幼兒教育，更應該藉此改變，而國民教育向下延伸，可以提供更優質的幼兒教育，更是目前應該思考的方向。以下就國教向下延伸的必要性，以及國教向下延伸的可行性加以說明：

壹、國教向下延伸的必要性

　　臺灣現在的出生率是全亞洲最低，僅1.03%，比日本、韓國、甚至一胎化的中國大陸更低，如何提高出生率是政府嚴峻的課題。其中方法之一，就是減輕父母養兒育女的負擔，然而現今臺灣平均年所得最低的年齡階層為30～40歲階段，年平均收入約35～50萬元左右（鄭琪芳，2013，9月23日），但這個年齡階層的父母卻是要負擔幼兒教育最多的費用，幼兒園學費幾乎等同於大學學費，反而國小、國中及高中職的學費較低。國教向下延伸一年，除提升幼教品質外，免費的幼兒教育也可以減少家長的經費負擔，鼓勵生育。

　　國內提議將5歲幼兒教育納入國民教育體系，國教向下延伸的議

題，在1984年的「學制改革方案」，就已提出，歷經多次的全國教育會議，也有所倡議，已深有共識（古佳敏，2009；周祝瑛，2009；劉春榮，2010；蔡春美，2002），也是世界先進國家美、英、法、荷蘭的趨勢（吳文侃、楊漢卿，2001；林貴美、劉俊賢，2007；謝傳崇，2010；顏士雯，2003）。

就以鄰近韓國為例，該國於2010年訂定「幼兒教育法」，號稱是10年國民教育，在小學入學前1年即全部無償教育，並於2012年加碼，在小學入學前3年全部無償教育，雖然該法律條文但書：無償的內容與範圍由總統命令並加以規定，但是在這段期間，韓國即推動了幸福教育，即小孩滿3歲到入學前皆可申請國家補助，不管入幼兒園或是托兒所都有補助，若是讀公立則每月有6萬韓圜補助，另還有課後教育課程補助5萬韓圜；若讀的是私校，教育課程有補助22萬韓圜，課後補助則為7萬韓圜，意即韓國3～6歲的小朋友就讀公立者每月補助約新臺幣3,600元，而就讀私立約有新臺幣8,460元的補助（見表1-7），對於年輕家長可減輕負擔，以補助金額來看，若小孩讀的是公立，應可滿足基本的教育需求。

表1-7　韓國實施幸福教育的幼兒教育補助制度

補助費	年齡	公立幼稚園	私立幼稚園、托兒所
幼兒學費保育費	3～5歲	60,000韓圜	220,000韓圜
放學後教育學費	3～5歲	50,000韓圜	70,000韓圜

國民教育向下延伸，並非先給幼兒讀寫算的3R教學，一樣是語文、認知、社會、情緒、身體動作與健康、及美感等六大領域，透過遊戲學習讓幼兒的人格得到充分發展，幼兒教育的年齡可逐年逐步往下延伸，並提升幼兒教育的品質。例如把師生比降低，像韓國在2010年實施

「幼兒教育法」時，每班平均學生數是26人，現已降至20人，我們國內5歲幼童每班幼生則還在30人階段，應該予以降低；再者，老師的待遇福利、幼兒園的設施設備等，都應該再加以提升。

貳、國教向下延伸的可行性

我國十二年國民基本教育的29個子計畫方案中就有「5歲幼兒免學費教育計畫」，其內容明文指出：「計畫內容參採國民教育精神，將5歲幼兒就學視為準義務教育，比照國民中小學學生就學免學費概念，提供5歲幼兒學費補助，以達成免學費政策目標」（劉乙儀、張瑞村，2015）。足見國教向下延伸一年的時機已經成熟，具有可行性，然而目前公立幼托機構仍僅占25.6%，容納幼兒比率約32.5%，因此提升私立幼兒園品質，增加公共化或公立幼兒園，乃刻不容緩。限於篇幅以下僅列舉其中兩項推動的可行方案：

一、利用現有國中小空餘教室設置幼兒園

過去10年臺灣少子女化情形相當嚴重，平均每年新生兒人數量減少2～3萬人，尤以2010年（虎年）僅有16.7萬人為甚。2014年雖已回穩到21.1萬人，但距離臺灣以前年代新生兒數量高峰的40餘萬人，也相距大半，如表1-1（內政部戶政司，2015）。由於學齡人口逐漸減少，全臺國中小空餘教室不少，據教育部2015統計，目前全國1,094所國中小就有13,700間空餘教室（教育部，2015b）。復以國中小採學區制，新興社區仍有籌設新校需求，但老舊社區人口遷移，未來閒置空間和資源勢必有增無減，應規劃籌設幼兒園。

二、新增公共化幼兒園與企業附幼

　　在我國「幼兒教育及照顧法」第九條規定，直轄市及縣市政府可委託公益性質法人或由公益性質法人申請經核准設立非營利幼兒園，政府應多加推動，檢討目前遇到的困境，運用提供學校空餘教室、或放寬非營利的定義、營運成本的計算、設置者的資格等，增加公共化幼兒園的數量。

　　再者，公司企業若能提供幼兒園讓員工子女就讀，也能讓員工較無後顧之憂。社會部門應該貫徹落實蔡總統提出的「社區照顧計畫」，其中的「擴大幼兒托育公共化」政策，利用減稅或相關優惠措施，鼓勵企業附設幼兒園，甚至政府在興建社會住宅、或進行都市規劃時，也應規劃設立公立幼兒園，以及幼兒園用地的劃設。

　　財團法人黃昆輝教授教育基金會日前（3月26日）召開重要教育議題民意調查記者會，公布民調結果受訪民眾有四成主張「幼兒教育公共化」、三成主張「國教向下延伸一年」，正說明了政策應該發展的方向，政府現階段應該優先將幼兒教育公共化，尤其是5歲幼兒教育的階段，然後水到渠成，順勢推動國民教育向下延伸一年的政策，讓年輕的家長減少幼兒教育的經濟負擔，讓臺灣有更優質的幼兒教育，讓臺灣的教育贏在起跑點，厚植國家競爭力。

第二章

問題二：爭入名校，高中職全面免試與就近入學可行乎？

第一節　問題背景

全面免試，就近入學
——十二年國教的出路？

淡江大學教育研究所退休教授　吳明清

　　十二年國民基本教育（以下簡稱為十二年國教），自103學年度正式實施。但是，原本規劃的免費和免試，卻成為有條件的免費，以及以國中會考成績為主的比序入學。雖然在教育部的規劃藍圖中有令人嚮往和期待的「三大願景」（提升中小學教育品質、成就每一個小孩、厚植國家競爭力），「五大理念」（有教無類、因材施教、適性揚才、多元進路、優質銜接），「六大目標」（培養現代公民素養、引導多元適性發展、確保學生學力品質、舒緩過度升學壓力、均衡城鄉教育發展、追求社會公平正義），以及從「七大面向」（全面免學費、優質化均質化、課程與教學、適性輔導國民素養、法制、宣導、入學方式）所規劃的「二十九個行動方案」（免試入學、特色招生……），但實施以來卻爭議不斷，似乎毀多於譽。

　　十二年國教的支持者認為，臺灣教育長期以來的升學主義及其學生壓力，扭曲了教育的本質與形式，需要兼具結構性與功能性的變革，始足以大破大立，所以十二年國教的實施是臺灣教育發展的契機；惟以新

制實施初期，難免會有適應上的陣痛，只要依據實施狀況漸進調整，一旦成熟即可展現成效，故社會應有正向期待，家長和學生也必須努力配合且耐心等待。

批評者則認為，十二年國教既非完全免費，亦非全面免試，又無強迫入學的規定，已不符國民教育應為免費、免試及義務的普世要件。既然名實不符，充其量只能說是一項以升學方式為主的制度性教育變革，無法發揮國民教育的功能。再者，在主客觀條件均有不足的情況下貿然實施十二年國教，徒增紛擾而無實效。

歸納批評的意見有四：(一) 全面免學費的承諾跳票了，家庭收入的門檻規定，讓免學費政策為德不卒，且失政府威信；(二) 免試入學的政策宣示也成空頭，國中會考成為取代國中基測的入學考試，國中生的考試壓力不但依舊存在，且因成績計分方式的級距簡化，益增考試壓力的敏感度，故所謂舒緩過度升學壓力的政策目標成為空談；(三) 分發比序的標準與程序繁複且客觀性不足，既未引導學生多元適性發展，更成為學生和家長的焦慮與困擾；(四) 高中職學校分布不均，全面優質化的理想是教育主管機關不可能的任務，如若採學區制免試分發入學，一則剝奪學生及家長的教育選擇權，二則各校學生素質將趨常態分配，雖然消除了明星高中，卻讓臺灣的高中教育平庸化，不利人才培育。

凡此種種，均使十二年國教新政失色，亦相當程度影響社會對臺灣教育政策與改革的信心與信賴。尤有甚者，在少子化趨勢下，公立中小學年年減班，而私校的學生人口卻在十二年國教實施後明顯增加，以升學為主的補習班也不見萎縮。因此有人感嘆，難道十二年國教之實施，真的造就了私校與補習班的利基？

加拿大教育學者麥克‧傅倫（Michael Fullan）指出，影響教育改革政策或方案成敗的主要因素有二：一是政策目標的理想性和價值性是否得到人民的普遍認同；二是政策工具的品質是否可行且有效而足以達成

政策目標。據此反思十二年國教作為國家的重要教育改革政策，其適性教育的理想，以及培養現代公民素養、追求社會公平正義的目標應可獲全民認同，但其目前採用的入學機制，以及各項行動方案，能否切實體現教育的理想和目標，必須深入且審慎的分析和檢討。

十二年國教實施之前，政府教育部門即大力宣導，除強調十二年國教的優點和利多之外，呼籲學校教師、家長和學生，在教育觀念上要認同十二年國教的精神，在學習行為上也要配合十二年國教的各項政策作法。在實施之後，無論社會對十二年國教如何評價，亦無視家長對十二年國教的怨言，政府教育部門仍標舉十二年國教的大旗，作為教育政策的標竿。舉凡法規修訂、課程調整、弱勢扶助、教學精進、教師成長、創新發展等，均稱配合十二年國教之實施。近5年來，十二年國教儼然成為臺灣教育政策的骨幹，也成為臺灣教育發展的希望。這樣的現象不禁令人懷疑教育主管部門的心態，難道沒有十二年國教，教育部門就沒事做了嗎？難道沒有十二年國教，臺灣的中小學教育就掏空了嗎？難道沒有十二年國教，我們對臺灣的中小學教育就無所期待和厚望了嗎？

十二年國教應何去何從？究竟是要繼續走下去？或者改弦易轍？甚而另起爐灶？據報載，2016年新政府上任第二天（5月21日），教育部潘部長在記者會上宣布，為落實「全面免試、就近入學」理想，將自106學年度起，擴大高中職優先免試、分發區或縣市試辦全面免試入學，以及推動「類繁星計畫」。惟依「高級中等教育法」第二條第二項規定：九年國民教育，依國民教育法規定，採免試、免學費及強迫入學；高級中等教育，依本法規定，採免試入學為主，由學生依其性向、興趣及能力自願入學，並依一定條件採免學費方式辦理。據此，高中職之入學若採學區分發，未必適法。中小學教育制度之變革事關學生福祉與國家前途，故站在政策抉擇的十字路口，有賴大家深入思考、討論與選擇。畢竟臺灣需要一個符合公義而且優質的中小學教育。教育部潘部

長的「全面免試、就近入學」三大策略作為十二年國教的出路，在價值
上必要嗎？在技術上可行嗎？雖然我們無須唱衰，但也不能無所質疑。
因為我們不能讓前景不確定的十二年國教綁架臺灣教育的發展，更不能
任令十二年國教的虛名綁架孩子們的前途。

第二節 問題診斷與對策

十二年國教 ——
塵埃落定？煙塵四起？

新北市立北大高中創校及首任校長　薛春光

壹、「十二年國教」的規劃目標與實施困境

一、問題分析

　　自民國100年總統宣告實施十二年國教起，我國十二年國教正式啟動。自民國72年開始規劃，歷經10任教育部長，受到許多反對聲浪和財務因素影響懸而未決的十二年國教，最後總算塵埃落定。然而，十二年國教果真塵埃落定？抑或依然煙塵四起？為何實施至今且戰且走、滾動修正的十二年國教仍爭議不斷、爭端難息？

　　十二年國教三大願景、五大理念、六大目標以及從七大面向所規劃的二十九個行動方案，看似完整綿密的政策，實施下來卻成了投注大量經費，卻無法讓社會大眾實質體會成效的無感政策。彙整問題的原因，大致歸納如下：

㈠沒有足夠經費支應的十二年國教

依2013年7月10日公布及2016年6月1日修正的「高級中等教育法」第二條規定，「十二年國教」的後3年高級中等教育，係採「免試」入學為主，由學生依其性向、興趣及能力自願入學，並依一定條件採「免學費」方式辦理。因此，十二年國教實施之初被譏諷為假國教，既非完全免費，亦非全面免試，又無強迫入學的規定，已不符國民教育應為免費、免試及義務的普世要件，並非沒有原因。

因為教育經費的不足，所以高中職採一定條件免學費（排富），但以國家目前財政，一定條件的免學費是否就足以支應？教育經費是否因而受到排擠？如老舊危險校舍整建或偏鄉資源挹注等，恐怕都會受到影響。

㈡沒有減輕升學壓力的十二年國教

十二年國教雖以免試入學為主，但實則仍以國中會考成績，決定學生進入高中職的關鍵，因此，升學壓力未減。都會區升學因會考仍是關鍵，故學生升學壓力並未減輕。而偏鄉學生因免試入學，可能造成學習動機低落，加上投入大量經費的補救教學若成效不佳，城鄉間基本學力不但難以均衡，反差可能加劇。

㈢沒有教師積極投入的十二年國教

因家長依舊以明星高中升學率為學校唯一辦學指標，因此，教師對十二年國教除了入學制度的改變外，其他變革則無感，十二年國教實施，並未對教師教學專業或社群參與有顯著提升。

㈣沒有家長信任基礎的十二年國教

1. 十二年國教升學制度不斷滾動修正，造成家長不安，加上家長仍對明星高中有所期待，成績優秀的學生依舊以學校過往排名選填志願。選擇社區高中就讀的人數有限，就近入學曲高和寡；送入私立中

學，以利高中直升的學生反而增多。

　　2. 十二年國教目標之一在適性輔導，引導學生朝不同職群或學術傾向發展。但截至目前為止，並非所有學校都能通過優質高中認證，沒有通過的學校，家長如何放心託付？何況，得到優質學校認證的學校，家長與學生是否就能全然信任，願意據此選擇，並就近入學？

　　3. 不管中央或地方，雖然教育主管機關再三宣導技職教育的重要性，甚至成立專責單位推動執行，家長似乎也逐漸接受技職教育，但重高中輕高職觀念的改變幅度仍待觀察。

　　4. 高中「學習歷程檔案」是否列為大學入學考試採計項目，最近引發爭議。「學習歷程檔案」記錄了在校成績與多元表現，不僅可將不同階段的學習檔案當作轉銜重要資料，在國外也是不可擋的趨勢。然而，最近不斷被質疑可能造假或花錢購買，若採計反而不利於偏鄉弱勢學生。反之，也有人認為：偏鄉孩子缺少的是展現特色和努力的機會，多元的能力反而可以透過學習歷程檔案被看見。贊成與反對者各執一詞，明顯看出大眾對制度設計的不信任。

二、解決對策

㈠ 政策層面
1. 確立考招連動方式
　　108課綱上路後與招考如何連動，政府應更有擔當與前瞻，不能再落入十二年國教推動之初滾動式修正的怪象。

2. 後期中等教育均質化
　　(1) 均質化後期中等教育各級學校，升學導向與就業導向課程應受同等重視（楊朝祥，2010）。

　　(2) 提升社區與單科型高中辦學績效能見度，讓家長瞭解技職教育的亮點與進路。

3. 建置雲端大數據平臺

(1) 對學生能力的提升訂定量化指標，運用雲端大數據概念記錄分析，隨時檢視十二年基本國教是否提升了國民教育的素質。

(2) 建置學習歷程檔案資料庫，避免造假（程晏鈴，2016）。

(3) 追蹤會考成績相同，但分別選擇就近或跨區入學的學生，比較3年來學習歷程與3年後在大學入學的學測表現，提供給家長是否就近入學參考。

(4) 繁星推薦、個人申請或考試入學等依不同管道分別進入大學的學生，在大學4年的表現。據此檢討或說服社會大眾支持多元入學管道各自適切比率。

4. 平衡公校與私校辦學

(1) 鬆綁公校辦學法規，充分授權各校自主。

(2) 同意就近入學學區的高中職實施能力分組、菁英教育、補救教學，以照顧不同需求學生。

(3) 規範並監督私校教學正常化，並與公校建立公平的遊戲規則，避免私校學生逆勢成長，不利於社會階層的流動。

㈡ 教師層面

十二年國教能否成功，師資再造與課程規劃絕對是成功的關鍵，無法等待！教育整體發展、國家競爭力及國民素質提升與教師專業發展息息相關。

1. 持續教師專業發展評鑑

教師專業發展評鑑應繼續推動，不應轉型更名或走入歷史。教師專業發展評鑑已推動10年，根據教育部師藝司統計，105學年度有21個縣市、2,483所中小學、7萬5,676名教師參與，占全國教師37.24%（張錦弘，2016）。至105學年度有將近四成老師自願加入教專，然而，教育

部卻有意同意教師團體建議，在106年將教師專業發展評鑑轉型為支持系統（林曉雲，2016a）。已通過初階、進階認證老師的證照，形同廢紙，這些老師感覺像被政府詐騙！突然喊停或轉型，問題更為複雜。

因此，建議現有的教專中心應引領近四成已參與教專的老師繼續前行，教專項目可以回到教師基本功，教專名詞不應改，反而應讓教專推動中心的功能或業務擴增，如推動教師籌組社群，擴大影響面。而不是在選票或政治的考量下妥協轉型或走入歷史，讓絕大多數參與教師專業發展評鑑的好老師一片譁然！另外，配合108課綱上路後，課程輔導諮詢教師的資格，領有教專證照應是基本條件。

2. 推動教師評鑑入法

隨著學校少子化減班教師超額的殘酷壓力，許多學校也已經從課程規劃、教師研習、社團活動展開改變的行動，教師專業成長的自覺和主動性已在校園萌芽擴散中。2012年《親子天下》調查資料顯示，在競爭壓力最大的臺北市和新北市的老師走得最快，四分之一的老師已有改變的行動，是22縣市中的領頭羊（陳雅慧，2012）。但是，5年後的今天，教師的自發改變與主動自覺的專業社群數目比率，增加了嗎？除了由下而上的自主改革外，如果不能透過制度加快腳步，尤其是教師評鑑入法，恐難達到全面提升教育品質的目標！

從人性考量，只有透過制度面的設計，規範教師專業成長途徑，才是學生受教品質維護長久之計。臺中市教師觀課原本在教育局強制規定下實施，但在教師工會提調解後，教育局竟然同意回到老師自主，107課綱上路前尊重老師意願，引起家長強烈抗議（羅一心，2016）。可見教師專業成長乃社會大眾之殷殷期待。

國中小教專或大學實施多年的教師評鑑，被質疑最多的是書面資料太多，浪費太多時間準備評鑑，卻無助於專業成長。因此，中小學教師評鑑若將項目簡化，僅關注於教師基本功，如僅對教學檔案建置、觀議

備課、社群參加、成長進修及學生學習成效等教與學最基本有關的項目予以評鑑；且僅止於實質評鑑，減少書面準備時間，讓教師專業成長由下而上的策略不再是唯一途徑。

(三) 學校層面

1. 課程建構應為校務推動首要

少子化後生員劇減，小班小校經營已是學校無法逃避的未來，加上私校逆勢成長的市場，公校如何生存與發展？唯有低廉收費，擁有如私校教學品質，公校才能繼續保持市場競爭優勢。因此，面對十二年國教及少子化衝擊，提出系統、完整、前瞻、可行而非任意拼湊滾動修正的校本課程地圖（周淑卿、曾祥榕，2016），建立學校特色以提升學生學習素養，說服家長與學生就讀，才是學校經營及危機緩解之道。

2. 儘速因應校訂課程師資需求

107課綱在高中端部定必修學分降低、校定選修學分增加，亦即加深加廣或多元選修原則下，面對一生一課表的學生自主學習，教師如何開課？另外，彈性學習時數增加，學校如何排課？除鼓勵教師進修第二或第三專長外，鼓勵現有教師協同或跨領域共同開課，也是快速解決師資問題的途徑。

3. 營造尊重多元友善正向文化

尊重學生個別差異滿足每個孩子學習之個別需求。讓有效教學、差異化、個別化、補救及創新教學成為校園關注的核心議題，師生樂在其中。校園若能形塑成如此氛圍，十二年國教五大理念：因材施教、有教無類、多元進路、適性揚才與優質銜接才有機會全面落實紮根。

(四) 家長層面

1. 破除家長以唸明星高中為榮為耀的心態，否則，任何改革都將空談，只有考試才是唯一公平。

2. 引領家長認同並支持，只有適性才能揚才，才是孩子快樂有效真正無壓力的學習。

貳、反思

誠實面對目前十二年國教所遭遇的挑戰，一一尋找真正可臻完美並有助學子學習的配套，才能開創十二年國教成功的契機。期待十二年國教能成為成就每個孩子的良善政策，讓所有家長感受到無論貧富，透過十二年國教每個孩子都能接受最高品質的教育。

十二年國教除了免試入學制度，還應該做什麼？

國立臺南大學教育學系教授兼系主任　鄭新輝

壹、問題分析

　　任何教育政策都有其價值目標，十二年國民基本教育（以下簡稱十二年國教）的推動也在眾人的期盼與醞釀中，規劃出許多理想的政策目標；但可惜的是，因為規劃的完整性不足，導致政策在執行過程中遭遇許多的責難與衝突。其中，免試入學制度與比序方式複雜化所引發的紛爭，最受批評與關注。因此，新政府上任後，教育部潘部長也很快的宣布要實施全面免試入學，以期化解之前免試入學與特色招生所產生的爭議。但全面免試真的能夠成為實現十二年國教預期目標的萬靈丹嗎？其可行性為何？而十二年國教除了入學制度外，還應該優先做些什麼？皆是值得深思的問題。

一、全面免試是否是解決十二年國教入學方式的萬靈丹？其可行性為何？

　　馬政府的十二年國教共規劃七大面向29個配套方案，並將入學制度簡化為免試入學與特色招生兩種途徑。免試入學係透過15就學區所規劃的多元發展比序項目、志願序與會考成績三項，作為決定國中生進入高

中與高職的入學方式。特色招生分成甄選入學與考試分發入學兩類；前者採「術科考試甄選方式」，後者採「學科考試分發方式」。可見，特色招生無論是以術科考試入學，或是以學科考試分發入學，皆以考試方式決定入學；而免試入學雖然名為免試，但事實上仍將會考成績透過三等級四標示等方式，轉化為評比分數，以作為申請入學人數大於該校招生名額時的比序方式。雖然規劃者宣稱該會考不是入學考試，但顯然會考本身即是一種測驗（measures）或考試（test），且當該測驗或考試被用來作為申請入學的比序方式時，會考就是入學方式之一，所謂免試入學就不應稱為免試；如果規劃者還堅稱該會考不是考試，就是「名實不符」。

由於馬政府所規劃的免試入學制度遭致批評，因此小英新政府就任後，隨即主張十二年國教要採取全面免試方式進行調整。然而該政策宣示之後，也立即引發批評與關注。各界的批評不是沒理由，因為該政策方向宣示的同時，配套作法也一樣缺乏完整規劃與說明。馬政府的十二年國教入學制度雖非盡如人意，但在調整爭論後，好不容易才剛穩定下來；小英政府隨即要大幅度調整為全面免試，在方案內容未具體說明的情形下，確實令各界擔心。何謂全面免試？其概念內涵為何？是否要像國小進入國中一樣，以學區制分發入學？如果是，那各高中高職的學區應如何劃分才合理？越區就讀如何避免？要以何種評比項目決定學生入學的優先順序，才公平且被家長普遍接受？皆是曾經被討論過的難解議題，而新政府所提出的全面免試是否真的可以解決十二年國教入學方式的問題？或者會引發另一個問題，也值得關切。

在教育部提出全面免試入學的新政策之後，目前係以漸進改革的方式進行規劃，先由各高中及高職與國中之間，參考國中過去3年進入高中高職的人數比例，以自願參與的方式規劃為全面免試的對應學校。未來將由參與之高中與高職提供名額給對應的國中學生免試入學。目前這

些參與全面免試的學校所在區域，大部分屬於較偏遠或離島地區，其就學區或有明顯的區域封閉性，彼此之間本就有相當高的關聯性。未來如果全面免試在這些區域推動成功，是否在其他較競爭或開放之區域，也適合成為全面免試的對應學校，也有待觀察。

二、十二年國教除了入學制度外，應該優先關注的關鍵性問題為何？

「培養現代公民素養、引導多元適性發展、確保學力品質、舒緩過度升學壓力、均衡城鄉教育發展、追求公平正義」是十二年國教的六大目標。在29個配套方案中，入學方式只是其中之一，但卻是關注的焦點。如果入學制度的改變可以有效促進或達成前述政策目標，就有其重要價值；如果入學制度的改變並無法有效促進政策目標的達成，則應深切反思何者才是教育應該優先關注的議題，並將重心轉移至該等方向才是正途。

檢視前述六大目標中，「培養現代公民素養、引導多元適性發展、確保學力品質」，都與國中教育品質的提升有關；均衡城鄉教育發展涉及資源分配；僅「舒緩過度升學壓力、追求公平正義」與入學制度有較大關聯。因此，十二年國教入學制度是否能有效舒緩升學壓力並實現公平正義的目標，當成為檢視成效的指標。然而，教育的本質是以成就每位孩子為目標，如果教育未能確保每位學生的學習品質、讓每個學生獲得適性發展，並使其具備現代公民的素養，則舒緩壓力與追求公平正義也無實質價值。因此，十二年國教除了入學方式之外，應優先關注的關鍵性問題為何？如何促進該等目標的實現？更應成為新政府優先思考的問題與方向。

貳、解決策略與建議

針對上述兩項問題，在實務作法上僅提供下列幾項因應策略與建議

供教育決策參考。

一、維持一定比例頂尖高中，並保障大學區內國中學生足額的高中與各類科高職入學機會

高中高職屬於後期中等教育，其性質不同於國中的普通教育，而是具有分化與選擇需求。因此，國中生在完成3年的普通教育之後，應依其性向、興趣與能力，適性化的選擇進入高中或高職類科就讀。由於後期中等教育的類別（科）之間存在著差異性，其屬性與國中的普通教育不同，且高中職類別（科）的選擇權在學生與家長，因此若採取國中依設籍所在的學區制入學方式並不適合。但目前採取的多元比序免試入學與特色招生考試入學的決定方式，也未必適當。其解決方式之建議與理由說明如下：

㈠ 由各就學區決定一定比例的頂尖高中，並以特招方式優先辦理考試入學

目前的入學方式主要有免試入學與特色招生，特色招生是以人才培育為目的，除藝術才能、科學班與職業類科得申請術科考試甄選入學外，其餘普通高中可透過申請程序，經核准後辦理特色招生考試分發入學。但因各校申請的目的在爭取學科表現較好的學生，導致第1年的特招班分散各校，也強化了校際之間的競爭。但未來若採取全面免試，具學術或術科表現優異學生，要以何種比序方式申請進入理想的高中或高職，也會因競爭而產生爭議。且目前各就學區的頂尖（明星）高中存在有其歷史，想消除並非易事也非必要，若能順勢引導，並依資優學生發生比率約4～5%計算，由各就學區擇定頂尖高中及招生班級與人數，並採取特色招生考試方式，在免試申請分發之前優先辦理，則參加頂尖高中考試之學生數將可大量減少。例如，以高雄區為例，其應屆畢業生約有3萬人，若以5%核算頂尖高中招生人數約1,500人，該人數與目前雄

中與雄女每年各招收800人相近。若報考人數以3～4倍計，則報考人數將低於20%（4,500～6,000人），應可適度舒緩國中學生的考試升學壓力。

㈡ 各就學區依高中與高職分布情形劃定幾個大學區，保障區內國中學生足額的入學機會，並採計國中學習表現，免試分發入學

基於就近入學與舒緩升學壓力之目的，各就學區可依據區內高中、高職與國中的分布與人數比例，劃定成幾個大學區。每一大學區內高中與高職比例，可參考目前高中與高職學生入學比例（例如3所高中，2所高職）劃定，而區內國中則成為所屬各高中職的對應或保障入學國中。各高中或高職先將每年招生名額，依每一國中應屆畢業學生人數，占該區各國中該屆畢業學生總人數比例，合理分配給各國中作為優先保障入學之名額。各國中則由該就學區免試入學委員會，決定應採計之國中在校學習表現比序項目，再由該校依申請者的比序項目分數，決定可優先分發進入各高中與高職之學生。其優點是符合免試入學之理念，且申請進入各高中與高職之比序過程僅限於校內競爭，而非跨校競爭；不僅可適度降低國中生的升學壓力，也可免除校際之間評分寬嚴差異產生之公平性問題。其缺點是無法避免國中學習期間之壓力。但所謂壓力，若由強化學習品質之觀點而言，適度的學習壓力仍有其需要，且若能強化各校的學習評量品質，則教學品質也會隨之改善與提升。

㈢ 各大學區內之高中與高職類別（科）招生名額，應合理規劃以滿足區內各國中學生之學習需求

為滿足就近入學與大學區內均等的高中與高職入學機會，各就學區應合理規劃每一大學區內適切的高中與高職校數分布與比例，若有入學機會不符所需之區域，也應適度增設高中或高職類科之校班，以滿足大學區內不同性向、興趣與能力學生的適性學習需求。對少數或稀有之高

職類科，若基於資源整合與分享之考量，可採取「跨大學區」申請入學方式；當申請人數大於招生名額時，則可採取特色招生方式辦理。

二、提升國中學生的學習品質，落實學習評量管制機制，以確保學生學習成功

　　由於現代公民素養、多元適性發展、確保學力品質與城鄉教育發展，皆與教育品質的提升有關，而國中校際與城鄉之間學生學習失敗的落差，以及校內學習表現M型化現象日益明顯之際，十二年國教的問題不能僅關注入學制度的變革，而應深入探討國中學習品質提升問題。如果教與學是學校教育的重心，而評量是檢視學習成效的必要手段，在無法避免家長重視考試分數，以及考試領導教學的氛圍下，要有效提升學習品質，僅提供下列幾項建議：

㈠ 務實強化教師有教學知能，激發教師專業信念與承擔每位學生學習的責任

　　教師有效教學的信念與技能是確保學生有效學習的基礎，近年來雖然政府、學者專家與優秀教師，持續推動翻轉教育的理念、教師專業社群分享與各種有效教學與學習策略的推廣，但由學生的學習表現未見明顯改善觀之，此項工作仍需持續檢討省思。當英美各國持續透過法令，強調教育應確保每個學生的學習都成功，並強調教師應負起績效責任時，十二年國教的政策方案中，也應務實的強化教師有效教學知能，並在制度上合理的激發教師正向的專業信念，並能承擔對每一位學生的學習責任與承諾。

㈡ 提升命題品質，落實課程本位評鑑與持續改善機制，確保每位學生學習成功

　　由課程本位評鑑（curriculum-based evaluation）的觀點，為確保教與

學的品質，學校應持續進行學生學習問題診斷、適性化目標設定、有效教學設計與實施、學習評量、回饋與修正的系統化歷程與管控機制。此外，為因應前述免試入學方式設計中，各大學區採計國中在校學習表現之公平性，以及在考試領導教學的氛圍下，確保學生學習品質之需求，十二年國教方案中應重視各校的命題品質，並考慮全區各國中的定期評量，統一委託學者專家命題，透過評量品質的提升，以引導教師教學方式與內涵的改善。其次，各校也應針對不同學習領域的學習目標，落實多元化的學習評量，並針對個別學生的實際學習表現，透過教師專業社群的持續省思與分享教學策略的改善，以確保每位學生都有獲得成功學習與進展機會。

參、結語

十二年國教有其重要的政策使命與目標，各項目標的實現需仰賴完整的方案規劃與務實可行的策略與方法。其所規劃的七大面向29個配套方案自2011年啟動以來，已有5年多，各項方案的實施成效皆應進行適切的評估與修正。本文以十二年國教所揭櫫的六大目標為指標，由實務的觀點，針對國內現行的免試入學與特色招生進行探討與省思，並提出維持一定比例頂尖高中與免試入學大學區制之建議。其次，以提升國中學生的學習品質，落實學習評量管制機制，以確保學生學習成功，做為十二年國教的首要任務，期盼立基於學習者為中心，務實且持續提升教師有效教學技能、激發教師專業信念與責任、強化學科命題品質、落實課程本位評鑑與持續改善機制，以確保每位學生皆能獲得適性化的發展與成功的學習生涯。

教育制度要適性、公平、
並能提高學子競爭力

國立臺灣大學應用力學研究所教授　王立昇

　　《孟子》中有一段顏淵的話：「舜何人也？予何人也？有為者亦若是。」又說「人皆可以為堯舜。」儒家認為只要努力有為，每一個人都有機會成為聖賢。這個信念使得華人社會大多數人力爭上游，希望能夠「翻身」成為聖賢，如同佛教徒相信念經修行也可成佛。這與基督教的思維大大不同，聖經唸得再透徹也不可能成為上帝。那要如何「有為」呢？接受教育是一個重要的途徑，於是「教育翻身」成為華人社會根深柢固的觀念，「孟母三遷」的故事更讓人領悟到學習環境的重要。爭取好的教育機會，進入好的學校，成為大多數家庭努力的目標，也就衍生了「升學主義」的觀念。

　　教育機會要如何爭取呢？試想：如果遇到兩個人溺水，一個是自己的孩子，一個是陌生人，要先救哪一個呢？在華人社會，回答前者的應該占多數，這就是儒家認同的「愛有等差」思維，愛是以自我為中心，依自己、親人、朋友、陌生人等順序逐層擴大，所謂「親親而仁民，仁民而愛物」。如果有資源，也按這個層級分享。雖然也講大義滅親，但那是為了大義才能滅親，如果是小惠，當然還是親人先享有。於是，家世背景或關係就成了爭取機會的手段。常聽人說：「有關係就沒關係、

沒關係就有關係」，「關係主義」成為華人社會的一種運作方式，也可以用在教育資源的爭取上。

教育制度如果不能符應民情，必然窒礙難行。我們就從「教育翻身」、「愛有等差」這兩項民情來分析十二年國教的問題與解決方案。

壹、問題分析

十二年國教的三大願景：「提升中小學教育品質、成就每一個孩子、厚植國家競爭力」是大家都認同的，但入學制度於2011年宣布時，超額比序比不出來時採抽籤入學的作法立即引起家長的反彈，如果沒人動手腳，抽籤似乎是公平的，但是，為何教育翻身的機會是由上天決定呢？「天下沒有不勞而獲的」普世價值是大多數家長教導孩子的觀念，但如果進好學校靠的是抽籤，而不是靠努力，那是一種有為嗎？顯然，抽籤作為爭取教育機會的手段不符民情。經過多方努力，政府取消了抽籤入學的設計，化解了部分焦慮。但因辦法中仍有許多不當之處，在2014年第一年實施時，仍造成家長及學生很大的恐慌。

以志願序扣分為例，填志願的順序影響積分的計算，再影響到入學比序，很多學生不知如何填志願，更不曉得別的考生會如何填，使得升學制度成為賭局。有人認為這樣可以讓學生有多一些就近入學的機會，但變數那麼多的賭局真的有幫助嗎？就近入學是每一個家庭的期待，但如果住家附近沒有孩子適合讀的學校，怎能強迫就近入學呢？如果選擇更適合但比較遠的學校，為何就得被減分呢？古代的孟母為了孩子的教育，不惜搬好幾次家，現代也有很多「逐好學校而居」的家庭，人民有遷徙的自由，家是可以搬的，何為「就近」呢？

競賽成績被納入超額比序項目也造成了家長的不安。公家機關辦的競賽，如演講比賽、科展等，或許尚有公信力，但如果是民間辦的，

「關係主義」的影子就進來了。有些國外科展的比賽只要參加就有獎，有獎就可在比序時加分。於是，經濟狀況良好的家庭就可以送孩子去國外比賽，那家庭經濟狀況不好的孩子該怎麼辦？另一個超額比序項目「獎懲」則造成了學生在學校生活的惶恐，深怕動輒得咎，於是唯唯諾諾，不敢造次。一旦孩子被記了過，就輪到家長緊張了，趕緊努力找關係銷過。學校記獎懲的目的是要鼓勵學生改過向善，怎能量化為比序條件而影響其翻身機會呢？

班級幹部資格適合作為比序條件嗎？如果幹部由老師指派，那就由學生與老師的關係決定，如果幹部是選任的，那就要看學生之間的關係。曾聽聞有一群學生形成團隊，壟斷幹部選舉，有一位學生因為不是他們的團隊成員，始終當不上幹部，就拿不到幹部成績，這樣公平嗎？制度設計導致「關係主義」有機會操作，使得「教育翻身」要比關係，除了最頂層的那些家庭外，大多數的家庭於是陷入焦慮中。

十二年國教入學制度在邊走邊修的過程中執行了3年，經過磨合，已逐步穩定，但小英新政府上任後，宣示要推動「全面免試、就近入學」，再次吹皺一池春水，引發家長的憂慮。全面免試延續410教改「減輕壓力、快樂學習」的精神，希望孩子在考試壓力減輕後，能夠快樂自主的學習。但是，沒有了考試，壓力就能減輕嗎？

事實上，壓力的來源不是考試，而是期待教育翻身所導致的競爭。如果大家都想要進同一所學校，該如何比呢？公平的考試成績最沒有爭議，如果不比考試，是要比關係、比財富、比遠近嗎？有人說，有錢家庭可以將孩子送到補習班，就可以有好成績，對於弱勢家庭也是不公平。但過去有許多弱勢家庭孩子經過層層考試成功的例子，前總統陳水扁就是三級貧戶出身的，如果靠努力的管道消失了，沒有關係的孩子真的很難出頭。此外，補習至少是將錢投資在孩子的頭腦上，而不是花在關係上。適度考試的壓力可以讓孩子成長，沒有關係的壓力則會讓孩

子無奈、怨天尤人，覺得社會不公平，那是我們希望看到的嗎？

　　許多父母都希望孩子過得比自己好，即使省吃儉用，也要讓孩子接受良好的教育。如果教育翻身的權利被剝奪了，家長必然無法接受。十二年國教所以會造成那麼大的民怨，並成為國民黨失去政權的主要因素之一，就是因為未能符應民情。

貳、解決對策

　　如果多數人都抱持著「教育翻身」、「愛有等差」的思維，教育制度就必須因勢利導，要適社會的性。而每一個孩子的特質不同，各有不同的強勢智能，我們要讓各種不同性向、興趣、能力、個性、文化背景的孩子都有適合的學習環境與升學管道，掌握「適性」原則，才能真正「成就每一個孩子」。

　　如何適性？到了高中階段，有些學生的性向或興趣已很明確，就要做適度的分流。有的孩子適合走學術路線，有的適合學技藝，我們就要有學術高中及技術高中的規劃。對於特殊的專才，例如音樂、美術、數理、語言等，我們則要提供足夠的資源，讓他們有充分的學習機會及發展空間，專才高中的設置有其必要。但因為資源有限，不可能每一個社區都有各種的學習環境。因此，小學區式的「就近入學」在高中階段是不可行的，如何做到「適性入學」，讓每一個孩子都能進入適合的學校學習，才是教育應達成的目標。

　　在有限資源的條件下，為了讓每一個孩子都有翻身的機會，教育資源的分配就要降低「關係主義」的負面影響，使「沒關係也沒關係」，才符合社會的公平正義。事實上，魏晉南北朝施行的九品中正制度，就因為關係的介入而造成「上品無寒門、下品無世族」的階級固化現象。為促進階級流動，科舉制度在隋代因應而生。唐代科舉尚有「察舉」的

機制，社會名流可以推薦人才，考卷不彌封，希望兼顧人才在試場外的表現。但那樣的作法因為出現士子與考官間的利益糾葛而在宋代被廢止。

「關係」是相對的，誰有把握自己的關係是最有力的呢？為了避免「比關係」造成的問題，公平的入學考試制度有其必要性。大考要設闈場、考試時要有監考官、作文考卷要彌封考生姓名，都是為了要做到公平，讓關係弱的學子也有翻身的機會。因此，如果沒有更公平的入學機制而貿然實施「全面免試」，使得升學成為關係、運氣或財富的角力，必將引發爭議，並因階級不能順暢流動而影響社會安定。

固然考試是公平的，但為避免一次考試失常而耽誤一年，每年可以辦理兩次考試，過去兩次基測取其優就是一個好的安排。為了避免重複練習而學習僵化，考題應靈活且以測出考生的素養（包括知識、興趣與能力）為方向，要避免背誦式的題目。為了要讓考試考不出來的能力有被看到的機會，參採日常或特殊表現的甄選入學亦須辦理，但比例絕不能高，大約二成即可，並且要確保參採資料的真確性。

教育學家杜威曾說：「教育即生活。」教育要能讓人翻身，也就是要過更好的生活。而生活中充滿了競爭，教育制度的規劃要能讓學生提升其素養及競爭力，從而做好未來生活的準備。如果全面免試，考試壓力解除了，卻沒有適當地激起孩子學習的熱情，因而造成學習怠惰，要如何面臨人生的挑戰呢？

沒有一個入學制度是完美的，「沒有最好、只有更好。」實現十二年國教的願景要從課程、教學方法、培育良好的師資著手。入學制度的規劃則要因應民情，做到適性、公平、並提高學子競爭力，讓學生安心求學，家長放心拚經濟，社會才能安定，國家競爭力才能提升，人民的生活也才可以更好，果能如此，國家教育就大功告成了。

第三章

問題三：再現風華，技職教育如何翻轉？

技職教育的興革──大破大立翻轉，使技職教育成為再創臺灣經濟榮景的關鍵

國立臺灣師範大學工業教育學系退休教授　江文雄

壹、問題背景

一、70年來臺灣技職教育配合經濟發展，1990年是重要分水嶺

(一) 1990年以前，臺灣雖然經濟環境艱苦，自然與人力資源貧乏，又受到韓戰與越戰的影響，政府仍靠美援與世銀貸款，推動工業教育改進，辦理示範工職，以單位行業課程，群集課程，配合產業發展，培訓勞力密集及技術密集的人才，投入生產行列，達到學用合一，高職學生普遍就業，高中與高職的學生比例，由6比4調整為3比7。1968年實施九年國民教育，並推動三期3年工職教育改進計畫，實施群集課程與能力本位職業教育計畫，同時推動各類職業教育計畫，有計畫分年更新與充實軟硬體設施，全面提升水準品質，技職教育發展至此蓬勃發展，績效卓著，是臺灣經濟發展最主要的原動力。

　　(二) 1990年以後，臺灣經濟成長快速，成為亞洲四小龍之首，由於社會對教改的期盼，教改的領導者將技職教育上移化及普通化，在沒有規劃下廣設高中大學，導向升學，甚至有人倡議廢高職，改設綜合高中。最近臺灣媒體報導：教育部發現，當年教改廣設高中大學，技術學院全面升格科大，技職學校在升學主義下逐漸變調式微，專業技術人才培訓不足，學用落差嚴重，導致臺灣產業人才需求和學生能力脫鉤，造成高學歷高失業失衡現象。加上少子化的衝擊，生員嚴重不足，部分學校勢必退場，20年後驀然回首才發現，技職教育在臺灣社會結構有其舉足輕重的角色。

二、從六個層面，檢視技職教育如何成為再創臺灣經濟榮景的關鍵

　　(一) 面對新情勢、新挑戰、新問題，臺灣的下一步：靠人才，人才靠教育，技職教育是一切產業發展的根本。

　　(二) 技職教育的目標在於：使無業者有業，使有業者樂業，人人安居樂業，社會才能祥和安定。

　　(三) 技職教育、職業訓練、技能檢定、產業合作、就業安置、終身教育能夠緊密結合，合作無間，能提供青年寬廣幸福的生涯發展空間與希望。

　　(四) 技職學校設科配合產業發展需求，入學符合學生適性發展，課程教學實用創新，實習實作與產業實務結合，做到學用合一，為企業樂用。

　　(五) 技職學校專業及實習科目師資，具有雙師證，並有兩年以上業界工作經驗，不斷在職進修，跟上產業發展腳步，教學盡責勝任，能培養出技術專精，肯吃苦上進、有毅力的優質技術人才，塑造技職學生比一般大學生更好的就業優勢。

　　(六) 技職學校人文通識及生活教育落實，能培育出具有良好職業道

德，勤奮負責，敬業樂業的優質技術人才。

三、大破大立的翻轉，整體規劃改革，才能重建臺灣技職教育的生機

(一) 近年來臺灣社會衍生政商勾結，貪腐舞弊，貧富懸殊，環保惡劣，食不安全，治安混亂等困擾；教育和人心方面，升學至上，發生價值扭曲，高不成低不就，奢華浪費，放縱溺愛，倫理式微，貧富落差增大，校長有責無權等病象。

(二) 目前臺灣技職教育，無論在人、制度、政策、執行力、品質、信心、士氣都出了問題，教育與就業嚴重脫節，青年苦悶無望，弱勢愈弱，品質下降，可以說問題叢生，而且愈來愈嚴重。

(三) 總結是價值觀念的扭曲，倫理道德的淪喪，領導的無能，人謀的不臧，政策的錯誤，導致教育的偏差，造成當前的問題，顯示教育改革的重要與迫切。

(四) 面對著人工智慧的掘起，第四次產業革命的來臨，機器手臂應用自動化生產模式，已經成為產業升級的必備條件。未來面臨全球化的競爭，臺灣受到人口老化及少子化的影響，且各領域需要有更專業和更專精的技術人才及基層勞動力，應如何從加強技職教育的改革來因應，將是當前臺灣教育必須面對的重要問題。

(五) 翻轉才有希望，才有勝算，所謂翻轉，就是要將不當的政策、人員、制度、策略予以唾棄，從根本上全部翻轉推倒，唯有勇於反思改變，不斷創新發展，整體規劃重建現代化技職教育體系，改革才能成功。

第二節　問題診斷與對策

職業學校培育實用人才之師資問題的診斷與對策

中臺科技大學校長　李隆盛

　　臺灣高級中等學校階段的職業教育被期望培育實用人才，但在許多面向出了問題以致不符大眾期望。本文就其中師資問題做一診斷並試提對策。

壹、問題分析

一、臺灣職業教育曾受美國指導，但師資資歷脫離美國精髓愈來愈遠

　　1990年代，筆者在美國德州休士頓參訪一所高中的汽車修護學程時，接待的老師說他們的學生是用校車接送市內各高中想學汽車修護的學生過來湊成班的，高二和高三分開，每天上下午各來半天，高二、高三各由一位老師帶。他負責的一整年教學很簡單，就是先和學生一起做市場調查後，買進三部中古車修成兩部賣出去，過程有學習、結果有盈餘，學生可分紅。因為很實在，學生很感興趣，該趕工時會來加班。

　　以上簡要的描述卻是美國職業教育培育基層實用人才的縮影，從

1990年代到目前仍是如此：高級中等學校主要為綜合型，職業準備教育主要在高中後2年透過職業學程提供，儘量採取校際合作或設置地區職教中心，再善用校車系統接送學生湊成各種班制（programs），以提高設施設備等資源共用程度和學生學程選擇數量。在這種系統下，修習職業學程的每個學生在高中後2年有一半的時間到實習場所（labs）學習，每個年級基本上只跟一位老師，這樣的老師很像是職場的師傅（master）。有如前述那位汽修老師要會汽車引擎、底盤、板金、市場調查和成本收益評估等18般武藝，才帶得了學生將三部中古車修成兩部賣出去、賺到錢。因此，職業學程初任教師通常被要求要先有2年以上全時的業界工作經驗或在師資養成過程中需有有薪酬的業界實習經驗。

臺灣的職業教育（特別是工職教育／trade and industrial education），於1950年代曾在美援下受到美國的指導。因此，初期10多年時間職校師資被要求要先有2年以上業界工作經驗且入學要考術科。但後來轉變為只要入學考試考術科、再到取消術科考試，過程中職校教師資格要求也一再放鬆或變通到離美國職教教師資歷要求的精髓愈來愈遠。

二、有怎樣的師資就有怎樣的課程，多數教師欠缺實務經驗難以培育實用人才

基本上職業教育培育人才是要「從終點做起」或「從出口切入」，即先釐清各該班制所要培育的業界人才類別與層級，瞭解這種（或類）人才所需職能，再針對職能發展經濟有效課程、實施教學與評量。在整個過程中，學生是主體，教師是主角，職校教師既需有能力也需有經驗（自己下過水才好教人游泳）。臺灣職校教師由於多數欠缺業界實務經驗（中國人常稱這種教師是從這個校門到那個校門的門到門教師，日本人則稱之為溫室教師），很難像前述休士頓的汽修老師一樣集十八般武藝於一身，可在實習工場統整地既教技能也教知識；即使設計

課程或編寫教材，也常是大專課程和教材的翻版。所以就職校汽修科而言，常見的課程是汽車引擎、底盤和板金分成很多專業和實習科目，由好幾位教師分開在課堂和工場施教。有人笑稱如此導致學生修不好汽車時，教師既是人人有責也是人人無責。更有人批評職校多數教師雖欠缺業界工作經驗但卻有豐富的升學經驗，所以常引導學生升學重於引導就業。

此外，臺灣在教育主管機關沒能像美國一樣透過校際合作或區域中心等做地區資源（班制、設施、設備、師資等）的宏觀調控，各校已有的班制很難因應需求適時調整，因而在「有怎樣的教師就有怎樣的課程」之上，更出現「有怎樣的教師就有怎樣的科別」，許多科別設立後很快就會在實質上變成是為教師而辦重於為學生而辦，例如：每年要招收的學生規模是因為教師須有那麼多課上，而不是真正需要培育這麼多人才；開這些課是因為教師習慣這樣開；……。亦即，宏觀調控不足，不但不利資源有效利用和學生的班制選擇，也傷害學生的受教權。

貳、解決對策

針對上述問題，解決對策至少如下：

一、初任和在職教師分開要求更多的業界工作經驗

Charles Prosser（n.d.）的「職業教育16個原理」（Prosser's Sixteen Theorems on Vocational Education）之7主張：「職業教育的成效和其教師曾運用知能於待教操作與程序的成功經驗成正比。」其意涵是不能讓教師教他們不知道的東西。因為職業教師的施教題材是所對應職業的技能和知識，所以經歷實際成功就業經驗的工作達人最適合當職業班制教師。而這種工作經驗的新近程度也非常重要。因此，像目前美國德州要

求取得初任工業教育（initial trade and industrial education）教師證書的條件之一是：在最近10年內有2～5年全時有薪酬的工作經驗。但對不同的職教領域會有不同的要求，例如，取得初任行銷（initial marketing）教師證書的條件之一是：在一或多個行銷職業有2年全時有薪酬的工作經驗。

我國2015年1月14日公布的「技術及職業教育法」已在第二十四條規定：高級中等學校職業群科師資職前教育課程，應包括時數至少18小時之業界實習，由師資培育大學安排之。在第二十五條規定：技職校院專業科目或技術科目之教師，應具備一年以上與任教領域相關之業界實務工作經驗。但本法施行前已在職之專任合格教師，不在此限。第二十六條規定：技職校院專業科目或技術科目教師、專業及技術人員或專業及技術教師，每任教滿六年應至與技職校院合作機構或與任教領域有關之產業，進行至少半年以上與專業或技術有關之研習或研究。

上述法規是值得肯定的改善意圖，但是其落實和離理想還有很大的疑慮和缺口。例如：要求業界實務工作經驗太短，因為一般中高階工作需半年至一年才會有加值效果（Stibitz, 2015），技職教育法要求初任教師具備工作經驗的下限（一年）無法成就工作達人。而2016年1月19日教育部發布的「高級中等學校專業科目或技術科目教師業界實務工作經驗認定標準」以及2016年1月20日教育部發布的「高級中等學校教師進行產業研習或研究實施辦法」，沒有掌握教師業界實務工作經驗和進行產業研習或研究須「全時且從業界取得薪酬」的精隨（其他國家在職教師進行產業研習或研究時，會要求教師以從業界取得薪酬為主，低於教師原有薪酬的差額再由學校補足），以致既易流於形式，也增大政府及學校負擔。

因此，在現有法規規定下該一面落實使勿流於虛應故事，一面該修法要求初任教師至少需有2年以上的業界全時有薪酬工作經驗，在職教

師進行產業研習或研究時，亦須要求全時有薪酬的經驗。

二、另闢學徒和建教合作等和職校關聯的多元補強管道培育實用人才

「七年之疾求三年之艾」是指7年的舊疾，需要艾灸3年才能痊癒。前述的對策需要時間才能發揮效果，因此當務之急是另闢和職校關聯的補強管道培育實用人才。管道之一是積極推展學徒制，使參加此班制學生一邊透過工作崗位訓練（on-the-job training, OJT）向師傅（或師傅們）習得從業所需實用知能，一邊到職校修讀通識和專業基礎課程以取得職校文憑。管道之二是積極拓展建教合作班制，讓業界用人單位投入師資、設備等資源和職校合作培育實用人才。而諸如2014年1月8日教育部發布的「高級中等學校辦理實驗教育辦法」等法規或行政命令，已賦予這些管道的辦理依據。由這些務實管道培育的實用人才，也可能是未來職校具業界實務工作經驗之師資的主力。

其他有利培育實用人才的更創新管道都該由產、官、學、研、訓各界一起努力促成。例如，韓國的創新作為之一是自2010年起增設訴求先就業後升學的師傅高中（meister high schools，或稱達人高中），以培育年輕人從事需高度技能的製造業或其他領域工作，這種學校具有下列五項特色：幾乎保證畢業生就業、產業支援課程設計並著重培養各種行業所需能力、透過實習讓學生接觸職場、提高職業教育地位、和中央政府大力支持（McKinsey & Company, 1996-2017）。這些另闢管道的努力和創新作為尤須教育主管機關負起責任，例如，該將獎補助資源優先支應這方面的改善和開創。

「生命一直會給第二次機會，這個機會就叫明天」（Life always offers a second chance. It is called tomorrow.），希望明天的職校師資會更切合培育實用人才的需求，但是美好的明天需要今天的努力。

指數時代下的大學與技職教育

國立臺北科技大學互動設計系助理教授　葛如鈞

壹、問題分析

　　根據美國太空總署與*Google*共同創辦的未來學院——奇點大學的說法：這是個指數成長的時代。

　　指數成長的時代，相對比的是過去人類發展了15萬年的線性時代。在有數位科技和資訊化的傳播以前，一切事物的成長都需要一天、兩天、三天，慢慢地累計發展，而如今這個時代早已和過去不同，不只進入了全球化，還因為網際網路、數位科技，變得指數成長。許多事物的變化、社會脈絡的變遷、世代喜好的變化、典範的轉移，都被數位科技的指數成長速度拖著高速向前邁進——1，2，4，8，16，32… 進步30次以後，不只來到30的位置，而是2的30次方——1,073,741,824（10億7千374萬1,824）。這已經不是我們華人過去所講的十萬八千里的進步差異，而是十億八千萬里。而生活在這個變遷速度下的，或者說，將在這個變遷速度下學習、成長、成家、立業的，正是當代的青年。我們這個時代的教育，如何養成這些青年學子，如何賦予他們擁有在指數時代下，在人工智慧與機械科技當道的時代下，擁有與數位化、自動化解決方案一較高下的能力，便是當代教育界最迫切需要思考的問題。

一、指數時代的特性

指數時代有哪些特性？在奇點大學創校者彼得·戴曼迪斯（Peter H. Diamandis）的暢銷書《膽大無畏（*BOLD*）》一書當中，他提出了六個指數時代的變化趨勢面向與特性，也就是「六個D」：

數位化（DIGITIZED）、偽裝性（DECEPTIVE）、破壞性（DISRUPTIVE）、去價值化（DEMONETIZED）、去物質化（DEMATERIALIZED）以及民主化（DEMOCRATIZED）。

根據此六個特性，許多過去的教育精神、價值與累積的資本，需要重新被討論。首先，筆者認為最大的問題在於，過去因為資訊的不流通與不民主、教材的物質流通需要時間金錢等限制，到了今天所有一切所需的知識都已經在網路上，許多課程都被線上化、影音化，大量而且免費的放在網路上，這是去物質化、去價值化與民主化的未來特性。可汗學院（KAHN ACADEMY）是一個例子，全世界最大的電腦動畫與說故事公司皮克斯（PIXAR）剛宣布與可汗學院合作，將公司內部的教育訓練全部免費上網，除了角色設計、故事腳本設計之外，還會陸續上線更多的教材，並且完全免費。人工智慧大師，前任百度全球副總裁 Andrew Ng 創辦 Cousera，成千上百的程式教材完全免費。史丹佛大學在 2012 年發起 Udacity，其線上課程包含幾乎所有常春藤學院的高等課程，而且完全免費，上完線上課程還有機會拿取證書。MasterClass 上線於 2015 年，有熱門影集「紙牌屋」影帝凱文史貝西親自線上開堂授課！所有教授群都是好萊塢一線明星。以上例子說的都是一些內容豐富、資源磅礴的大平臺，如果將許多網路直播主、設計師自製放上 YouTube 的教學影片納入進來，幾乎可以說，全世界最大的大學，就是 Internet 本身。

二、技職教育的可替代性

或許讀者諸君會認為，網路上確實已經有許多可以替代文本的教學內容，也承認很多課堂上、課本上的教學已經可以被網路媒體和資料更完整的替代，不過實地練習、動手做等技職教育的核心，或許還是網際網路或虛擬世界無法替代的。

對於這點，筆者還是需要說，若是關心虛擬實境、擴增實境（VR/AR）這項科技發展的，應該就可以知道，許多智慧化工廠和無人工廠，都已經先後導入虛擬實境和擴增實境的技術，讓人員可以不必到實體地點就能夠在虛擬世界當中進行職業操作訓練、維修訓練與模擬、甚至透過IoT（物聯網）的技術整合，操作者可以在虛擬世界或擴增實境眼鏡當中，看見一個偌大工廠裡每臺機器上漂浮跳動的資訊——運作次數、溫度、機齡等，也可以虛擬化調校一整座工廠的產能，而無需實地踏進工廠半步。生產的智慧化、工業流程的虛擬化與數位化，已經逐漸蠶食鯨吞實體世界與實體化教育的主流價值與意義。有一天，當虛擬實境的平臺如VIVEPORT、STEAM等，發展到如同現今的瀏覽器網站一般蓬勃的時候，VR版的KAHN、COURSERA與UDACITY肯定也會如雨後春筍一般冒出。

三、合作的教育

也許讀者諸君還會說，那麼「合作」呢？當代的學校教育有一個很重要的功能是提供學子一個學習社交、學習合作的場域。筆者當然認同這件事，人與人的實體互動不會那麼快地能夠虛擬化、線上化，但對於實體社交和合作，傳統的大學或技職院校能提供的，有時候甚至不如坊間目前流行的團隊創新創業競賽、工作坊、駭客松（長時間進行協同創新工作，通常時間超過24小時）。坊間的這些活動，往往串連了許多的業界資源、業師，還透過招募手段召集各個學校跨科系、跨領域的優秀

學生，許多學生在一場駭客松或工作坊裡頭，短短幾天能夠學到的事物和結交的人脈與朋友，勝過這個學生在學校幾個星期的課程能夠體驗到的。

貳、解決對策

本文前半段描述了當前指數時代下，傳統教育所面臨的困境，不只技職教育，而是所有高等教育都會面臨同樣的問題。該如何解決？

針對這個困境，筆者提出一個方針、兩個技能、五項能力，期許能在指數時代替整體的教育環境點出一些新的課題與機會。

一、一個方針──教學生Google不到的事

無論是寫程式還是做設計，無論是焊接技巧或是汽車修護，基本上目前網路上幾乎已經查詢得到所有的知識。不僅僅各種知識各種語言各種形態皆有之，而且所有的資料／資訊都是變動的。我經常開玩笑與朋友分享一個奇點大學校友的故事，當時有個學員來自巴西，姑且稱做巴西君，巴西君留著一臉長鬍子，經常穿著件短褲，著涼鞋，就在NASA校區裡頭跑來跑去，平常很低調，看來也沒有什麼了不起的經歷，但有一次，巴西君在課餘時用簡報器隨性分享了他在巴西時從什麼也不會的魯蛇，升級變成創客創業家的經歷，驚呆了所有人。

巴西君說，他其實原本跟科技業八竿子打不著，只是看著家附近的一片海，很想出海去玩玩，但是沒有船。於是他想，嗯，現在好像很多知識都在網路上，所以一回到家，他選擇打開電腦上的Google搜尋頁面，在搜尋框裡打上「How to build a boat?」（如何造一艘船？）然後他很驚訝的發現，其實只要到一間創客工房（Maker Space），付錢使用一臺CNC切割機器，就可以按照網路上可以自由下載的設計圖，切割出一艘船所需要的木板。然後，他就真的去做了，找了幾塊木板，下載切

割設計圖檔,找到一家創客工廠,租用機器,切割出所需要的材料,敲敲打打的,真的造出了一艘船!故事還沒完!接著他和朋友很開心的開著這艘船出海,在海上開了一場完美的啤酒派對回到岸上之後,他意猶未盡,心裡想著,那臺幫助他造船的CNC機器真的太棒了,好想要一臺CNC機器。他坐下來在電腦前查了一下,發現隨便一臺都要幾百萬,太貴了,受不了。接著,他就做了一件你可能也想像得到的事,他打開Google搜尋頁面,在文字框裡輸入了「How to build a CNC machine?」(如何建造一臺CNC機器?)然後他很開心的發現,雖然自造CNC機器比自造一艘船難得多,也貴得多,但相比起幾百萬才能入手的市售機器,還是便宜了好幾倍。而且,若是打造出來一臺CNC機器,他就可以再也不必跑到工房裡租用其他人的機器,而是用自己的機器就能隨便要切割幾艘船(的材料)就切幾艘船,要幫別人做船或不是船的商品,也都可以!敲敲打打!然後就這樣又做出來了一臺專屬於他的CNC機器。故事基本上並沒有就這樣停住,接著他開了一家公司,把服務放上網公告,歡迎所有人來用他的CNC機器做產品,如果沒有產品的設計檔,也可以在那個網站上搜尋,並且直接線上訂購裁切好的原料。要一艘船,就直接訂購一艘船的原料,這家公司就把木板切割好運到你家,剩下的就是敲敲打打地組裝起來而已。從此,有成千上萬的客人,透過這個網站,上傳家具的設計、船的設計,付費得到裁切好的原料,開心的組裝成自己想要的樣子,甚至還可以組好了以後塗裝放上網站上去販售得利!

上面的例子有點長,但說明了一點,這個時代,只要有心,人人可以做任何事。學生想學的任何學問、任何手造技術甚至任何先進科技,網路上通通有,擔心不夠詳細?YouTube等影音網站多半都能再進一步查得到完整細部的影片教學,照著做,雖不懂也有機會成功,雖不中亦不遠矣。如此這般,那麼大學裡的教授和課程,到底該教些什麼呢?

筆者認為很簡單，就是多教不容易Google到的事。多教不一定有重點或出得了考題的人生經驗和抉擇的方法，多教些不容易Google查詢得到正確答案或單一答案的知識或感受，例如，「人生的意義」、「競爭的方法」、「合作的脈絡」等，透過非結構化的教學，反而正好能補足或填上網際網路知識的結構化資訊。如此一來，學校便成了學生自學後的反省園地，成了自學之外與他人互相分享經驗的交流站（Hub），與傳統的功能便區分開來，也與網際網路不衝突了。各自發展，各有優缺與互補。

二、兩個技能 —— 程式與物理

在這個指數時代下，推動世界加速前進的，當然是科技（也當然有人性，但那是抽象層面的，而科技往往是實務層面的）。而科技的背後，當然就是程式與物理：無論是自動駕駛汽車，還是無人飛行器、3D印表機，抑或是360度虛擬實境科技，其背後都是程式與物理。如果說，要教導學生在指數時代下生存的方式，不懂程式或不懂物理，就會像中古世紀的人不懂天體的運行道理一般，懂得生活，但不懂得世界的道理。那將會使我們的下一代重回未開化的世代，而其他國家如果懂得強調程式與物理的教育，教導出來的下一代，將會是明瞭新世界運作方式的新文明人，懂得如何統治未開化的人。

三、五項能力 —— 熱情、好奇、想像力、批判力以及恆毅力

熱情，是改變事物的一切動力。未來的世界將比現在更簡便、更懶惰，更不需要出門、掏錢包，甚至不必開車，因為汽車都變成自動駕駛了，上了車它自己抵達目的。而因為這些簡便跟懶惰，年輕一代失去熱情，將成為時代的通病。相反地，擁有熱情的人，便能在特定的領域貢獻更多，擁有相對突出的表現，帶領著科技一起不斷突破。

　　好奇，是探索一切的原動力。想像15萬年前的人類，要是沒有那份好奇心窺探一片新的領土，想拿起地上的一塊骨頭作為工具，或是用木棍拾回地上正在燃燒的火苗，人類將不會有這10幾萬年後的數位科技突飛猛進。保有好奇心，甚至進一步培育學生們的好奇心，人類就能持續進步；失去好奇，就失去進步。

　　想像力，不用說，幾乎是指數時代最重要的一個能力。無論是近期各國跨域在推廣的「創新、創業」而言，沒有想像力，基本上是無法創新，也無法創業。人類過去習慣的線性思維，已遭受指數科技的巨大衝擊，而大膽的想像，是突破線性思維的最佳工具。

　　批判力，到了人工智慧的時代，答覆單一解答的問題，將會是機器人的工作，人類在尋找單一解上絕對贏不了機器，但是在「對問題的批判」、「對答案的質疑」或是「對另類答案的想像」上，很可能贏得了機器。原因很簡單，機器善於解答，但不善於質疑。如果這個問題根本沒有答案，或該問題有多個答案，甚至是問題本身就有缺口或是錯誤的，去質疑問題根本沒有問對，這部分的能力，在一段時期之內，人還是會做的比電腦更好。

　　恆毅力，這是指數時代的孩子需要的五種能力最後的一種。主要講的是，事物的改變需要努力，也需要時間，有時候外人看來一夕之間成功的突破，其實是支撐了7、8年之久。指數成長雖然說通過了成長曲線的膝蓋部位之後，將能突飛猛進，但前半段的蟄伏非常需要時間。這種所謂指數突破前的等待，需要恆毅力。電腦的世界演算同一個問題7、8年，是不可能的事，但人類可以。努力解一個問題，或是往一個方向或目標努力7、8年，很多時候，將有機會為所有人帶來豐碩成果。

　　以上這一個方針、兩個技能、五項能力，便是筆者認同奇點創校者彼得・戴曼迪斯特別撰文，寫下指數時代的下一世代最需要的教育方向與策略。在此與諸位分享，共勉之。

重整技職教育，培育專技人才，
爲產業創生機

國立臺中高農（中興大學附農）退休校長　郭孚宏

壹、前言

　　這是一個資訊爆炸、新技術快速產生、大量新知識與技術被創造與分享的年代。這些新的知識與技術，又創造了新的工作。許多新的工作內容和方式，以前根本是不存在，且以十倍速的快速在增加。面對這一個超級複雜快速變動的時代，技職學校已經不能再用過去的方式教學。因為，學生在學校所學的知識和技術，到他畢業時很可能已經落伍遭到淘汰。

　　今後，臺灣的競爭力必須因應時代脈動，調整產業的生產模式。除繼續發展基礎產業的創新和高科技的研發，另一個值得注意的就是文化創意產業，從文化創意與品牌開發的結合，再為臺灣產業注入新的生命力。這是一場新的產業革命，是臺灣產業發展能否繼續保持優勢的關鍵，更是技職教育必須因應的課題。

貳、問題分析

一、教改改變了臺灣的技職教育

　　1990年後民主自由對臺灣而言，已是一種生活方式。臺灣經濟進一步轉型，高科技產業成為發展重心，職場需要更高階技術人才，社會各界也殷切期盼進行教育改革。1994年4月10日，臺灣中產階級民眾，發動了一場教育改革大遊行，被稱為「410教改」。其中一項重要訴求，要求廣設大學、普設高中，甚至倡議將高職改為綜合高中。此後，增設立大學、四年制學院及專科學校改制升格等，到2015年公私立大學及技術學院已經超過160所。每年約要招收30萬名大學生，高中職畢業生幾乎全面升學。高職生在升學主義吸引下，學習逐漸變調，忽視專業技能與實習，形成技職教育全面上移，高職畢業生就業能力不足與職場脫節。

　　然而，高等教育的快速擴張，雖能滿足部分高科技產業人力需求。卻也產生基礎產業基礎技術人力不足的現象。大學既然成為多數人就讀的普及教育，學校難再維持過去菁英教育學術水平。學生從學校所學得知識和產業需求出現極大落差，造成大學畢業等於失業的批評。

　　一個國家需要有高學術人才從事尖端理論研究，但總是少數。事實上，具有原創力能追求知識突破的人，在任何社會裡都是極少數。臺灣在大學生稀少的年代，輕視實務勞動的傳統觀念自然不易產生，一旦大學增加，傳統觀念便如大水出閘波及深廣。每位青年不再考慮自己能力與興趣，都要求進入大學、研究所，修習高等學位以博取虛名。反而忽視適合自己的專業技能學習，這樣的大學畢業生自然難以就業，造成高學歷，高失業的現象。

二、政策與社會結構人力需求脫節

　　臺灣因政治改革和快速經濟發展，促進高科技產業興起，社會充滿活力與繁榮景象。政府教育政策，為滿足國中畢業生升學需求，以發展高中及綜合高中為核心。因此，以技術為主的高職紛紛改為綜合高中或普通高中。為求頂尖大學世界的排名，對綜合大學大量補助經費，對科技大學則缺少挹注。於是，科技大學放棄應用科技創新研發辦學方向，朝綜合大學辦學目標看齊。

　　當年規劃增設大學，將專科、技術學院全面升格科大，高中職學生普遍升學。推動高中階段延後分流，國中學生優先選讀高中。近年又將部分優質高職改制為普通高中或附屬於大學，造成高職辦學與招生的錯亂。如今，面對少子化學生減少，政府必須編列大量經費，整併公立大學，因應私立大學經營困難停辦或轉型。造成教育資源浪費，人才培育失衡，也導致國力的損傷。

　　目前十二年國民教育實施的過程，國民學校與高級中學沒有建立完整的適性學習與輔導分流機制，國中學生分發高中（普通、綜合或技術高中）安置發生困擾。造成家長恐慌，學生對自己的未來茫然無助，形成社會不安的另一氛圍，造成學校教師士氣消沉，教學品質下降。

三、面對全球競爭產業轉型的挑戰

　　回顧臺灣在社會與經濟快速發展中，教育政策規劃與國家發展目標、社會結構和經濟轉型相背離。傳統升學至上的思維根深柢固，人民崇尚高學歷，形成學生盲目學習，扭曲生命的價值，畢業後高不成低不就。又因民主化與自由化的氛圍，強調以學生自主的教育模式，學校幾乎全面忽略品格與生活教育的落實。衍生而起的是社會道德低落，倫理式微，人格缺失的困擾。造成人心浮動、治安混亂、食安危機、環境汙

染、生態迫害、貧富落差增大等社會病象。我們必須嚴肅思考，如果教育無法將孩子培植成具有文明與競爭力的人，國家發展與國際競爭力必會遲滯。此刻，我們的教育政策就有必要整體檢討與翻轉。

　　未來我們將面對第四次產業革命的來臨，人工智慧、網際網路、雲端數據等崛起。機械手臂代替人工、自動化工廠生產、虛擬實境的人際互動、網絡生活無遠弗屆等，已經成為產業升級的必備條件。臺灣面對全球競爭，人口老化和生育率下降衝擊。產業結構將有革命性變化，各領域專業人才需求，會有極大的改變。未來企業需要具有多元思考與創新能力專業和專精技術研發人才。因此，教育政策應該優先從技職教育的改革與落實，以培養更多因應產業轉型的優質專業人力。

參、解決對策

一、規劃國家人力需求，落實技職教育

　　一個國家的教育力，是整體國力強弱的重要指標。一個國家技職教育辦理成功與否，會影響國家經濟發展與社會安定。現代職業教育是一項普遍化的教育，有別於普通教育。其教育目標，是幫助學習者取得維持工作的專業技能，在幫助學習者做好生涯發展與創業規劃。課程具有特殊性，以啟發個人工作潛能，培養進入職場就業能力為要旨。最後的目的，是幫助個人建立技術權威，成為人人敬佩的能工巧匠，不斷精進與創新的專業達人。

　　因此，政府應儘速就國家發展總體目標、未來人口結構變化（高齡化、少子化）、產業發展和全球經濟轉型等方向，確實推估人力需求狀況與培育政策。責令教育部與勞動部，訂定人才培育策略，做為各級學校與職訓機構人才培育的依據。政府在執行十二年國民教育時，應透過

教育資源重分配，優先規劃發展技職教育：

(一) 重新調整高職（技術高中）、專科學院及科技大學的設校、設科。明確訂定其辦學目標與人才培育分工。

(二) 運用企業管理技術及教育績效評估等策略，優先強化技職學校辦學功能。

(三) 依據「技職教育法」有效引導各級學校，落實技職教育發展：

1. 國民教育階段應建立勞動神聖的觀念，培養動手勞作習慣。

2. 國中輔導自我發展，體認個人性向與試探職業傾向。

3. 高中（技術）專科，應就各科專業領域，強化專業知識學習與技能實習，做好進入職場工作準備。

4. 再依所學專業需要，繼續或利用在職進修，進入科技大學接受高階的研發管理等學位進修教育。

二、培育能工巧匠，建立職場尊嚴

在全球經濟發展中產業面臨新局，企業應與學校結合，積極培養技術與品德兼優的人才，有效輔導青年就業。達到學用相符的技職教育目標，以消弭學用落差的垢病。

(一) 依產業創新與發展更新職能基準，提供技職學校與職訓機構，做為課程調整、教學和技能實習內容的規劃與改進。

(二) 各級技職學校應用能力本位教學原理，強化專業技能與專業知識教學，進行學生各項專業能力評量。

(三) 加強品德教育，培養學生工作熱誠與職業倫理道德，塑造技職人專業權威，建立職場尊嚴。

其次，建構完整技能證照制度，建立擁有專業技能者的社會地位。技職學校應全面落實輔導學生，依其所學專業參與檢定。

(一) 依照產業技術發展與創新的職能基準，加速訂定或更新各專業

技能檢定規範,辦理技能檢定與證照核發。

(二) 修訂營業登記相關辦法,規定企業必須聘用相當比例具有技能檢定合格之人員。

(三) 企業聘用時,應優先將技能證照列為錄用、敘薪及升遷之依據。

(四) 建立技職生雙合格證制度教學特色,學生除取得畢業證書外,能同時具有專業技能檢定合格證書。

三、發揮學校教育功能,規劃專業人才培育

技職教育擔負著經建發展技術人力的養成,應依專業技能發展與水平適時分流,必要時向上延伸,以滿足產業和個人需求。技職教育應結合產業和各級學校資源,建立良好的夥伴關係,共同為專業人才培育做出貢獻。

(一) 小學基礎教育階段,落實學生生涯性向輔導,引導學生做好學習分流準備。

(二) 國中進行職業性向試探輔導適性分流,技職學校協助具有職業學生朝向技術專長發展。

(三) 技職學校課綱修訂應配合產業發展,分專業與實用學程調整設科,規劃教學科目及內容,以適應學生能力與發展需求,有效輔導學生學習與就業。

(四) 擴大五年專科學制辦理,依設科目的擬訂教學與課程規劃,並列入十二年國教入學分發。

(五) 檢討科技大學辦學目標,擬定設校、設系(所)及招生條件和人數,以符合產業發展高階專技人才需求。

(六) 檢討十二年國教入學分發辦法,依區域學校資源(高中職校及設科)規劃入學容量,做為學生選讀高中或各類技職學校的參考。

四、產學合作培育專技人才，促使學用能相符

首先，結合產、學、訓共同建構產學合作彈性學制，協調廠商提供相關技職科系學生就學期間實務實習，鼓勵學生畢業後留廠工作，建立企業自我培訓人才機制。

(一) 對學生而言：協助經濟弱勢學生達成升學與就業意願，從做中學培養基本專業技能，給予工作津貼補助解決生活困境。

(二) 對企業而言：除技術交流服務與高素質專業人才培養外，可穩定職場人力需求，減少勞工流動。

(三) 對學校而言：與企業合作據以發展系科本位課程規劃，因應產業發展塑造辦學特色，提升學生專業實作能力，提供其就學與就業的機會。以發揮技職教育優勢。

其次，整合職校產學攜手、建教合作、實用技能、雙軌旗艦及就業導向專班等相關辦法，擬定「技職教育產學合作法」。

(一) 鼓勵技職學校與企業建立合作夥伴關係，分工培育職場各階層技術人才，提供學生實習及優先就業機會，建構學用合一就學就業並行學習體制。

(二) 推動職校產學合作班學生公費制度，給以學生免學費、雜費及實習材料費之優惠。對家庭經濟弱勢者，在校授課期間給以生活補助。

(三) 專校和科大同步推廣產學合作學程，提供繼續在職場工作學生在職進修機會。

(四) 提供優良廠商或相關營運資訊，媒合企業與學校合作。

(五) 學校與企業共同成立技術中心，接受學生職場技能實訓及證照檢定。中心設於企業提供生產設備，學校提供教學與師資共同培訓學生，政府給以適當輔導與租稅減免。

肆、結語

　　以上是筆者過去40多年從事技職教育教學與行政的一些感受，分析臺灣技職教育的過去、現在與未來。也看到技職教育與產業互動和臺灣經濟發展密不可分的關係，希望能重新勾勒出臺灣技職教育發展盛衰。這幅圖像有歷史的真實，也有未來奮鬥的目標。即使現實的國際政經局勢對臺灣極其艱困。我們不但要追求更成熟的民主，發展更進步的經濟。這些目標有賴於技職教育的重整再造。

　　國際人士常常說：「臺灣最美的風景是人。」臺灣人熱情好客，臺灣人和平善良，臺灣人勤勞刻苦。臺灣的未來主要掌握在我們手中，有沒有好的發展則看教育的成敗。重塑臺灣優質的技職教育，培養具有專精技能與創新能力的青年，增進國家的競爭力；讓臺灣製造（Made in Taiwan）不但代表品質保證，更是精品的證明。深切盼望，再次翻轉臺灣技職教育，培養立足臺灣、放眼世界的國民，再創產業生機，追求富裕繁榮社會的願景。

第四章

問題四： 終結黑箱，中小學課綱如何制定？

第一節　問題背景

建立中小學課綱制定的正當機制——終結黑箱課綱

靜宜大學教育研究所終身榮譽教授　黃政傑

壹、課綱微調的背景

　　教育部在十二年國民基本教育的思考和工作計畫下，於2008年完成「普通高級中學課程綱要」及「職業學校群科課程綱要」，並自2010學年度逐年實施。為配合十二年國教的落實推動，十二年國教課程綱要（簡稱課綱）於2013年起進行修訂，該課綱總綱於2014年11月28日公布，旋即啟動各領域／科目／群科的課綱研修審議，預訂於2019學年度起實施。為此，教育部建立了十二年國教課綱制定的新機制，由國家教育研究院（簡稱國教院）成立課程發展會（簡稱課發會）研發十二年國教課綱草案，再由教育部成立課程審議會（簡稱課審會，分成大會和分組會）進行該課綱草案的審議。

　　十二年國教新課綱制定過程中，教育部先針對綜合高中數學及自然領域（物理、化學、生物、地球科學）課綱，及高職化工群、商管群、動力機械群、設計群課綱進行微調，微調課綱於2013年7月31日公

布，自2014學年度高一新生開始實施（教育部，年代缺）。其後又決定啟動高中國文和社會領域課綱微調，微調草案經課發會和課審會通過後，自2014學年度實施。此舉引發軒然大波，尤以社會領域的臺灣史課綱爭議最大，民間成立反黑箱課綱聯盟反對，高中生亦強力加入聲援，後來演變為高中生入侵教育部部長室、占據教育部前庭、高中生自殺，要求廢除2014「黑箱課綱」、回復2012原課綱（2010課綱於馬政府上臺後，普通高中國文及社會暫緩實施，經調整後自2012學年起實施）的事件。2015年8月教育部在立法院介入下決定仍然堅持實施微調課綱，但採新舊教科書並行、各校自行選書的政策。2016年1月立法委員改選，2月立法院全面換血，4月立法院表決通過提案，要求馬政府教育部撤銷2014微調課綱及暫緩十二年國教課綱研修審議程序。2016年5月，蔡英文政府上任，新任教育部長宣告終止普通高中國文及社會微調課綱。

高中國文及社會課綱微調爭議顯示，十二年國教課綱制定機制有必要大刀闊斧地改進，以免類似爭議重演。2016年5月5日，立法院教育委員會通過「高級中等教育法」及「國民教育法」修正案，以防止執政者以政治黑手操控課綱，未來課程審議大會拉高到行政院層級，課審會委員包括官方（占1/4）及民間代表（占3/4），類似公視董事模式產生，由立法院推薦社會公正人士11至15人組成「審查會」審查非政府代表，獲過半數同意後送行政院長聘任，課審會委員也納入學生代表（林曉雲，2016b）。

該課綱微調事件是課程史上從未有過的大事。由於課綱規範中小學校教育內容的最低標準，影響到每位學生的學習權至巨，而社會領域又攸關公民教育及國家認同，更引發社會各界的關注。其中臺灣史內容爭議很大，一時之間不易求得共識，不論如何制定課綱的機制則應公開透明，讓社會各界得以檢視，讓爭議內容得到討論，取得最大公約數，否則課綱爭議就沒解決的途徑了，因而有必要檢討此次造成嚴重爭議而被

批評為「黑箱」的課綱研修審議機制。

貳、值得探討的問題

一、課綱微調的決策

　　依據教育部的課綱研修審查機制及相關行政運作，課綱微調的決策如何形成，此次社會課綱微調的決策是否符合規定程序，進行微調的理由為何，理由是否充分，由誰作成微調的決策。由於當時普通高中國文及社會課綱於2012年才實施，而十二年國教新課綱又在大幅修訂之中，此際進行課綱微調有無需要性及正當性，是否會造成國文及社會課綱的動盪及學校教師教學的困擾？

二、課綱微調的過程

　　一旦決定進行課綱微調，其程序如何進行？以普高社會領域課綱微調而言，原來只是成立教科書檢核工作小組，該小組的任務如何由教科書檢核變成課綱的微調，與微調的需求評估有何關係？檢核小組如何組成，委員的專長是否符合，其遴選是否符合教育部規定的資格，該草案舉辦公聽會的時程緊迫，再送課發會審查及課審會高中分組會、大會審議，其中的程序有何問題？課發會及課審會的委員名單及會議紀錄等資訊是否公開，不公開的理由是否合宜？再者課綱微調如何界定何為微調，何為大調，有無相關規定可資依循？課綱微調的研發及審議機制與十二年國教課綱制定的差別性為何？

三、微調課綱爭議的處理

　　微調課綱實質內容的爭議為何，程序爭議焦點何在，教育部如何回應及處理這些爭議？外界要求暫緩實施或撤銷微調課綱，教育部為何堅

不採行？社會各界針對課綱微調如何進行抗議，高中生如何進行反黑箱課綱的運動？學校的態度如何？立法院如何回應高中生反黑箱課綱的訴求？

四、微調課綱的影響

教育部祭出新舊教科書併行、各校自行選書、大家一起寫教材等政策，是否妥適？微調課綱對高中教師教學有何影響？高中如何選教科書？學校選擇新舊版本的比例如何？高中生反黑箱課綱運動帶動了學習型態的哪些改變？此一事件對課綱研修審議有何意義？即便此事件告一段落，但未來的爭議仍會繼續存在，課程研修審議該怎麼做？此事件對教師教學自主性有何影響，對學生的學習深廣度產生何種衝擊？

五、課綱審議的新制

立法院修正「高級中等教育法」，希望破除黑箱課綱，而將課審委員的聘用拉高到行政院層級，是否侵犯了教育部的職權，影響課綱研修審議的順利運作？非政府代表的課綱委員需由立法院組成審查會審查通過，其中是否會造成政治力介入的問題，而影響教育專業性？尤其爭議的是學生擔任課審會委員，如何選出學生代表，學生是否為適格的課審委員，是否因課審工作而影響學業，這些都是各界關注的問題。整體而言，立法院修法方向是否能解決黑箱課綱問題？未來十二年國教課綱制定機制宜如何改進？

參、後續的努力方向

在此一事件發展的過程中，顯示了幾個值得重視的現象，對後續教育改革具有深刻的意義。其一是課綱重要還是教師重要。有人說課綱

不重要，不必爭課綱，重要的是老師，只要老師能發揮專業自主性，課綱怎麼訂都沒關係。實際上，課綱和教師都很重要，課綱做為規範，對教師教學會產生系統性的影響，若課綱有了偏差，能夠糾正偏差的教師恐怕也是少數。其二是教科書重要或課綱重要的問題。原本課綱微調著眼的是教科書的檢核，後來演變成課綱微調，必然是小組成員看到檢核教科書的意義不夠大，還是得調整課綱，接著依課綱審核教科書，才能造成系統性的改變。其三是教科書和升學考試。教科書仍是學校教學和學生學習需要用到的媒介，若依課綱審定，教科書就能達成課綱微調的方向，而能左右教師教學和學生的學習。然而這樣的控制還不夠，需要進一步在大學入學相關考試納為考題，這時教師不得不教，學生不得不學，就可以達到課綱微調的目的。因而，在課綱微調中教科書的編審和選用，以及爭議內容是否納入大考又是兵家必爭之地。其四是學習方法的改變。課綱微調的爭議，促成學生對爭議課綱進行更廣更深的學習，由校外找到專家學者來補充校內教師之不足，此舉改變了傳統的教學型態，由課堂教師講授，增加了校外專家的演講、研討，而學生自己進行調查、訪談，或自己擔任講員，翻轉學習，也很常見。

課綱微調之我見──
兼論國家教育研究院的定位

國立臺東大學特殊教育學系教授 曾世杰

壹、引言

2013年8月，我從臺東大學被借調到國家教育研究院擔任學術副院長。這個異動的決定，主要是柯華葳院長的一句話打動了我：「我們正在發展十二年國教課綱，這輩子不會再有機會讓幾百萬的孩子得到更好的教育了。」當時柯院長請我負責十二年國教課綱，同時也是課程研究發展會（課發會）的副召集人。我萬萬沒有料到，後來會發生課綱微調事件。

微調案之前，國教院才針對數學及自然領綱做了微調，國教院把微調的結果送教育部後，教育部於2013年8月1日回函同意備查，並要求國教院：「在不影響課程總綱的前提下，檢視並評估……尚未微調之領域課程綱要是否有持續精進與檢討調整之必要。」這公文用詞是「檢視並評估」，「檢討調整」只是選項之一。

柯院長告訴我，蔣部長對這事很看重，特別交待此事由主秘王作

臺協調處理。後來，主秘以電話向柯院長提供了一個王曉波、朱雲鵬等人的名單，要柯院長聘請他們擔任「檢核小組」。檢核小組第一次會議之前，柯院長曾被找到國民黨中央黨部去談課綱，當時王曉波在場。她知道微調案爭議性大，此案一起，大家一定搞不清楚「微調課綱」和「十二年國教課綱」的差別，因此要預防微調引發的怒火延燒到十二年課綱。照理講，所有課綱研發的業務，主責單位都應是國教院的課程與教學研究中心（課程中心），但柯院長最後卻把微調案交由掌理行政管考的「綜合規劃室」辦理，這樣決策，就是試圖把「微調課綱」和「十二年國教課綱」切割，希望課程中心免受微調案的干擾，可以專心處理十二年課綱。

2013年11月23日檢核小組第一次開會，柯院長在會議的開始致詞時說，請檢核小組「針對國小到高中的教科書進行名詞檢視」，出「一份報告、一份建議書」。但後來，朱雲鵬提出臨時動議，內容是：「……本小組內成立社會科現行的課綱微調工作分組，……分別由本小組十三位各科委員擔任成員，就高中社會科課綱進行檢視，並提出可能的微調內容建議……。」亦即，檢核小組以臨時動議擔起了「微調」的任務。十三位委員中，沒有一位是國教院的同仁；後來，這個小組微調的過程，國教院也無從參與。後來微調草案召開公聽會，1月16、17完成了北中南三場公聽會之後，檢核小組把草案送進第15次課發會，那天是2014年1月24日。

當天的會議氣氛特別緊張，有兩位委員不斷地走出會場打電話，一位是國教署副署長黃子騰，他一直和教育部溝通會議的進行情形；另一位是我，鄭麗君立委至少打了三次電話給我，問我們在幹什麼。我只能據實以報說：「課發委員們對微調課綱草案很有意見，我還沒有聽到有支持的聲音。」當晚會議結束，教育部催著要會議紀錄，最後柯院長核定送出的紀錄中，臚列了十點委員的意見，其中一至四項給微調課綱草

案具體的修正建議，五至八項則以不同的理由表示，現在進行微調無迫切必要，應再審慎評估。最後主席有四點結論，前三點總結了委員們的意見，第四點則是「併同上述意見將微調課綱草案相關資料呈報教育部召開課程審議會。」

其實，課發會委員對微調課綱的反應不佳，主席也可以啟動表決，不通過微調草案。但在部長及主秘的高強度、高密度的關切下，國教院院長只要啟動表決，就是和長官翻臉。但課發會對微調案明明是一面倒的反對，左右為難的柯院長只好送出「課發會有許多反對意見，但再來怎麼做，你們課審會自己決定。」的紀錄。

後來的課審會程序，我不是委員，未能參與，就無法評論，但課審會後的2月10日，教育部公布微調課綱，立刻就炸了鍋。後來，高中學生加入抗爭，教育部架起重重拒馬、學生夜闖教育部、同學自戕等事陸續發生，這也許是我國教育史上最慘烈的一頁。我常在想，微調造成的悲劇，到底讓我們學會了什麼？

權力結構下的衝突與悲劇

執政黨透過選票取得權力，當然有權透過正當程序（due process）調整課綱。黃榮村2001年不也聘請張元擔任高中歷史課程綱要專案小組召集人，大大修改了高中歷史課綱？但為什麼這次微調就炸了鍋？問題在於，這次如果真的照程序來，微調草案在課發會就過不了，即使課發會過了，也可能在課審會被當掉。但顯然教育部長們有很大的上級壓力，我曾經建議吳部長：「微調耗掉社會這麼大的成本，反正不是您做的，可不可能由您來宣布暫緩實施？」他答道：「昨天總統才跟我講了半小時電話，我怎麼暫緩實施？」朱雲鵬曾大喇喇的講，政務官就是政黨派的官。在這樣的結構下，教育部長及以下各級公務員，包括國教院院長，實在沒有太多選擇，上意既定，程序上再不完整，微調課綱也要

過關。這也就造成後來不可挽回的衝突與悲劇。我們看到執政黨略過正當程序，推出一個無法執行的政策，耗掉可觀的公務資源，而且讓社會付出可怕的實質代價，失去對政府的信任。

貳、課綱微調案促成更公開透明的政府

微調課綱被稱為「黑箱課綱」並不為過。主要是因為課綱起草、課發會、課審會審查的過程都不公開，公聽會也匆匆開過，所有的程序都跑了一趟，但缺少實質的溝通。連負責課綱研發的國教院，對微調的過程也不得與聞。

衝突出現之後，媒體把國教院視為黑手，國教院十二年國教課綱的工作也開始遭到質疑。柯院長因此決心要把課發會紀錄及各領綱研修小組的大會紀錄全部實名公開。她為此邀請唐鳳擔任課發會委員，唐鳳剛來，就提案要求課發會公開有名有姓的逐字稿會議紀錄。在努力的溝通之後，她的提案通過。我們又花了2個月，請參與領綱研修的七百餘名學者專家同意公開姓名。從那時開始，就再沒有人說國教院是黑箱。我們的作法，會迫使教育部裡各種會議被立法院逼著比照辦理，雖然教育部同仁有不同的意見，但當時吳部長卻大力支持。我們期待慣例形成後，課綱由強人拍板的日子過去，決策更公開透明，也更嚴密周詳。

參、國教院的角色定位

1996年《教改總諮議報告書》有「成立國家級教育研究院」的建議，希望它可以成為教育決策的重要智庫。所以我上任前，還以為國教院是一個獨立超然、從事長期教育研究的學術單位。但事實與我想像的所去甚遠。它是教育部下由綜規司管理的三級單位，和社教館所同級，

院長年年都要參加社教館所首長的聯席會議。它由幾個單位整併而成，許多資深的國教院研究人員並無研究背景，這可以理解，但是連最重要業務，如十二年國教課綱草案的研發，也經費闕如，這實在匪夷所思。國教院必須經常向教育部請求支援。先向部長報告，部長再交待國教署或其他單位給我們經費。一個位階不高，經常要向長官伸手的國教院，當然無法超然獨立。

　　國教院研究員曾在研討會發表一個調查研究的結果——家長對十二年國教瞭解不多。這樣單純的學術討論，結果讓國教院被部長責備，研究員要寫檢討報告。教育部各單位也經常要求國教院做他們指定的研究，例如，某單位長官，可以自己跑到三峽，要求國教院長期地做他認為重要的研究；或長官要求做某政策的滿意度調查，但這樣的報告出來，層層長官都有意見，好把不利於教育部的發現修正。在這樣的氛圍下，教育部要求國教院配合上意，聘他們指定的學者微調課綱，並配合完成各樣的程序，似乎一點也不意外。

　　試想，國家衛生研究院若配合執政黨，隱瞞嚴重感染疫情研究資料，會有多可怕的結果。還好國衛院是一個財團法人，有相當的獨立性，為政治服務的機率大幅降低。教育研究的重要性其實不亞於衛生健康，豈可失去研究者的獨立觀點？潘部長上任後，已把國教院的主管單位改為次長，也增加國教院經費的獨立性，及課綱各層會議的透明性，這些都是正確的方向。但最終國教院若不能成為像國衛院那樣的獨立機構，難保換部長後，又會重新淪為奉命行事的行政機構。

　　微調案一開始就是個錯誤的決策，而整個決策的過程中，現有的機制無法讓決策者聽到真實的聲音，最後釀成悲劇。除了追究決策者的責任，組織結構的調整，將公開透明的程序形成慣例，都是預防類似問題再發生的必要作為。

教育部課程治理的分析 —— 103年高中課綱微調事件的教訓

國立臺北教育大學名譽教授　歐用生

壹、前言

2014年2月10日，教育部在激烈的抗議聲中，公布了普通高中語文與社會領域課程綱要，此後爭議不斷，終致一發不可收拾。一直到2016年總統大選，民進黨蔡英文女士當選總統，第三次政黨輪替，新任教育部長潘文忠上任第二天（5月21日），即舉行記者會，宣布廢止103年微調課綱，旋於5月31日正式公告廢止令，喧擾2年多的課綱微調事件暫時落幕，這是臺灣課程史上最短命的課綱。

為了這個事件，社會付出了很大的代價，但這個事件也留下了許多教訓，值得我們學習。本文將從「課程治理」的觀點，檢討教育部在此爭議事件中的作為，期作為今後課程決策與改革的參考。

貳、課程治理的概念

課程治理源自於M. Foucault治理性（governmentality）的概念，Foucault區分兩種權力，即管理權力（sovereign power）和規訓權力。前者是傳統的、壓制性的權力觀，認為權力是外在於我的，對他人行使的，

有權力者藉著法律、警察、軍隊和決策等來管理他人；後者是近代的、發展性的權力觀，經由適當形式的自我技藝，人規訓自己、管理自己，從被管理的主體，轉變為主動的自我管理者。所以在現代社會中，一方面政府擬定管理的可能的藝術，利用各種技術，規訓人們成為理性的市民；另一方面個人實踐了自我技藝、規訓自己。即個人被他人管理，並參與於自我管理的實踐，自我管理與被他人管理的關係是雙重的，個人同時是被管理的主體，並參與於自我管理。Foucault（1988, p. 19）這樣界定治理性：「他人壓制的技術和自我技藝間的接觸點就是治理性。」

換言之，人經由自己創造的知識，規訓自己，心悅誠服的接受政府的治理，這種政府治理與個人規訓的接合處，就是治理性。所以治理性是一種治理的藝術，是國家理性的一種形式，包含兩個層面：一是使治理的規則有秩序的合理性，如說服他人的知識和論述，二是治理的技藝，如程序、分析、計算、技巧、配套和策略等，讓政治的合理性成為可布署的，經由治理的技藝或策略，治理者才能實踐政治目的。

若以本次高中課綱微調事件為例，所謂課程治理係指教育部以適當的知識論述說明課綱修訂的合理性，同時擬定合理的技藝和策略，讓大家瞭解課綱修訂的意義並願意接受，讓新課綱能順利實施。

參、教育部課程治理的檢討

從課程理論或課程史的觀點來看，課綱修訂的合理性、修訂組織、修訂程序和修訂內容等，是政府要謹慎處理的問題，因為這些是決定課綱的合法性和品質的重要條件。但本次教育部課綱微調，顯然沒有記取課程史的教訓，忽視修訂程序的公開、公正和專業，因此從修訂開始就遭受到極大的質疑。

例如，修訂合理性啟人疑竇。教育部啟動課綱微調時（2013年8

月），高中歷史依據的課程綱要是2012年8月才開始實施的（即101課綱），應該要實施3年後、即2015年才啟動修定程序。作者當時被聘為課程審議會委員，在2014年1月27日審議微調課綱前，提給教育部的意見上就這麼說：「課綱修訂要以教學現場實施的回饋資料為主要依據，因此通常要實施一輪、蒐集多元的資料後，才進行修訂。現行課綱係100年公布，101年開始實施，至今只有1年半，不知有何非加以微調不可的急迫性和必要性，係依據什麼資料修訂，其合理性為何。而且這時，十二年國民基本教育課程總綱綱要已在教育部課程審議會審議中，不久就可公布。且依國教院規劃，2014年1月即將開始研擬各領域課程綱要，教育部此時『急著』進行課綱微調，與新課綱研修期程高度重複，其動機和必要性自然備受質疑。」

又如為何設立「檢核小組」來修訂課綱？2013年在國家教育研究院內已設立「課程發展委員會」，統籌國家課程發展工作，這也是國家課程發展的唯一合法化的機構。但當教育部要微調課綱時，卻不遵循課程發展的正當程序，而另設立「檢核小組」來運作，有另立巧門之嫌。各界一直質疑，這個課程史上從未有過的「檢核小組」是什麼呢？其法律定位為何？是如何運作的？委員是誰？誰聘請的？依據什麼條件聘請的？教育部從未回應。後來媒體曝露委員名單，為何大都是親近大陸某組織的學者，檢核小組成員中幾乎沒有以臺灣史為專業的研究者，卻大幅度調整臺灣史的內容，其專業性更令人懷疑。

種種質疑和挑戰蜂擁而至，修訂過程中的種種謎霧陸續被揭露，教育部無法提出強而有力的論述（知識）來說服社會大眾，從部長到基層都只能用「合理、合憲、合程序」跳針似的回應，或拿「依法行政」回答質疑，卻始終無法釋疑。微調課綱遂被稱為「黑箱課綱」，而且隨著外界的批評和抗爭，「黑箱課綱」愈描愈黑，抗議也愈來愈激烈。

支持課綱微調的媒體也批評：「教育部未能一次說清楚，被誤解

回應也慢半拍。」該報導說，把「日本統治」改成「日本殖民統治」，「慰安婦」改成「婦女被強迫做慰安婦」等，這些說法應該是現在多數臺灣人可以接受的，教育部不懂得訴諸一般民眾能接受的歷史情感與經驗法則爭取認同，反而像做錯事般回應得吞吞吐吐，更落人口實。即使教育部在官網上設了課綱網路說明專區與臉書，也未廣為周知，點閱、回應人數寥寥無幾，形成無效溝通。最後被迫一再讓步，開放新舊教科書並行、爭議點不列入大考範圍，反而自打嘴巴。

　　教育部不僅在「治理合理性」上失能，在「治理策略」上也值得檢討。教育部從開始就抱持壓制性的權力觀，態度始終強硬，未展現溝通誠意。微調課綱一公布，臺南市率先表態，市屬高中不採用新課綱，教育部立刻以「影響補助款」相威脅。後來民進黨執政的都、縣、市政府也陸續表明將拒用新教科書，教育部則一再強硬表示，依法課綱制定是中央權限，教科書必須根據新課綱編寫，沒有所謂可選用舊版教科書一事。同時強調，教科書選用是學校權責，呼籲地方政府首長要尊重教師選書權，且在選書時要考慮學測及指考係根據新課綱命題，應兼顧考生的權益。為免事態擴大，教育部旋即發函所有高中，嚴申教師須採用新教科書；國教院也發函所有教科書出版社，嚴令不得再印行、銷售舊教科書。

　　教育部之後並一再表示，2018年大學考試仍以新課綱為命題範圍，各縣市如果堅持用舊的教科書，後果自行負責。國教院也一再重申，教科書出版社如果提供舊教科書給教師選擇則違反規定，最重可撤銷書商執照。

　　2015年5月起，二百多所高中的學生參與反課綱運動，教育部也沒有提出任何策略，以安撫學生抗議情緒，疏導抗議力量。學生終於包圍教育部，夜闖教育部部長室，遭警方手銬架離，帶往警局。吳思華部長不顧社會反對，堅持依法提告，這是第一位控告未成年高中生的教育部

長，創臺灣教育史的首例，在世界各地應該也是絕無僅有。接著，闖教育部被捕、挨告的新北市林姓高職生在他20歲生日的晚上燒炭輕生，向教育部長死諫。這也是臺灣教育史上首例，卻是不幸的史上首例。

由此可見，教育部堅持行使管理權力，訴諸警察、法律、禁令、處罰、抗告、撤照等策略，用蛇籠、拒馬、警棍、手銬等工具，企圖讓抗議者就範。這種強硬的態度當然遭到激烈的反彈，反課綱者批評，教育部將課綱、教科書和考試作為政治工具，用課綱來綁架地方、綁老師、綁學生、綁大考，直接拿撤照恐嚇書商，宛如白色恐怖，臺灣教育正在走回頭路。連兩位國民黨立委也看不下去，他們說不反對課綱微調，但批評教育部未充分與地方政府和學校溝通，且總以強硬態度回應民眾疑慮，有一意孤行之虞（臺灣醒報，2015.5.6）。

肆、課程治理的實踐

2015年8月6日因強烈颱風來襲，占領教育部的高中生宣布退場，吳思華部長接受媒體採訪時表示，教育部政策一直無法被學生理解與接受，教育部需要檢討，他自己也深切反省。檢討、反省什麼呢，他說：「教育部溝通能力不夠好，技巧也不足。」（聯合報，2015.8.8）歷經這場石破天驚的反課綱運動，教育部長居然只反省溝通能力和技巧等技術性的問題，恐過於膚淺，如果不作更深層的省思和檢討，更激烈的社會運動可能隨時再發生。

本文從課程治理的觀點，提供下列建議，作為今後課程決策與改革的參考：

一、強化治理合理性

教育部要從事「教育」工作，發揮「教育」專業，從「教育」的觀

點思考問題。本次課綱修訂源於「政治」的急迫性，而非「課程」的專業性，毫無治理合理性的基礎，教育部從頭開始，就只是在貫徹府院黨的意志，背負著「課綱要微調、2015年8月起實施」的緊箍咒，即使聽到學生的聲音、社會的怒吼，再好的溝通能力都無法解決問題。

教育部未能保持政治中立，被迫接受這個政治任務，又不願擔負責任，把所有的責任都推給國家教育研究院，一直聲稱「檢核小組」的權限是國教院授予的，委員的聘書是國教院院長發的。結果，社會誤解課綱是國教院主導的，十二年國教課綱也會像高中微調課綱一樣有「黑箱」，因此要立刻停止，重新擬定。教育部治理合理性的脆弱，不僅鍘了教育部的招牌，連國教院課程發展的專業性也遭受質疑，成為課綱微調爭議的犧牲品。

教育部長控告未成年高中生，更欠缺「教育」的思考。子女犯了錯，家長不必傾聽他們的心聲，不用教他們，就把他們送到法院嗎？教育部長是全國教育的大家長，高中生關心課綱，顯現課程主體，難免犯錯，教育部不僅要用「教育」的方法來教育他們，更要深層檢討，作為今後改進參考，豈可不教而殺之，只想到移送法辦。

希望我們的教育部不是「政治教育部」，我們的教育部長不是「政治教育部長」，不是「法家」，而是「教育家」。

二、精緻治理的技藝

有精緻的治理技藝或策略，才能確保新課程的順利實施。首先，須從課程史和課程理論中吸取教訓，例如當代的歷史課程強調作歷史（do history）的概念，也就是要引導學生進入歷史學家社群裡，學習歷史學家如何蒐集、詮釋和運用資料，如何批判思考、分析、比較和論證，應用什麼名詞、概念、通則、問題或爭議來表達歷史知識，這才是歷史學習的本質。但歷史微調課綱仍偏重單一史觀，對史實做片面的評價，忽

視學術界的多元聲音和看法，缺少多元詮釋的空間，未能尊重並包容不同的觀點和視野，仍想進行意識型態的灌輸。這種課綱不僅不能達成歷史教育目標，更無法擺脫藍綠歷史戰爭的宿命。

其次，對課程實施人口（實施對象）要深入研究。課程實施對象最主要的是教師和學生，教育部顯然缺少對作為課程主體的教師和學生的關注。2014年1月27日教育部課審會當日，有高中歷史老師的委員質疑，新課綱缺少學生主體性，想不到檢核小組委員之一的臺灣大學包教授竟這樣回答：「高中歷史沒有所謂學生主體性的問題，老師把課綱、教科書準備好，教給他們就可以了。」從教育部的作為來看，教育部對教師和學生應該都抱著這樣的看法，把新課程公布，學校的師生就照著實施了。教育部忽視了師生的主體，漠視他們對社會的關心，對知識的渴求，對新世界的探究，仍迷信公權力，只是依法行政，才招致那麼大的抗拒。

新課程實施需有許多配套措施，課程教科書裡都寫得很清楚，應該加以參考。

三、發揮治理的藝術

課程改革不僅是複雜的社會政治過程，更是細膩的知識／權力關係的產物，細緻的操作這種知識／權力關係，才能發揮課程治理的藝術。權力不是某些人（如部長）或某些機構（如教育部）占有的，而像微血管一樣，滿布全身，是無所不在的，教師和學生都有權力，部長在與師生的交互關係中才產生權力。負面的、壓制的權力是非常脆弱的，只有在慾望的層面、知識的層面產生效應，權力才是強而有力的。

所以在權力運作中，要激發師生抒發他們的慾望，確立他們是慾望的主體，讓他們感到愉悅，愉悅才是成功的權力關係運作的重要因素。治理者要尊重每個人，啟發每個人自己的權力，鼓勵個人利用自己的方

式，影響他們自己，操作自己的身體、靈魂、思想、行動和生活方式，以轉變自己，希望達到幸福、純潔、完美和完滿的境界。

　　這不正是課程改革的目標嗎？不正是教育的願景嗎？人規訓自己，將自我願景融入組織願景中，在實現自我目標時，同時達成組織目標。這時看似「無為」，確是「有治」，這就是一種治理的藝術，是領導藝術化的極致。

第五章

問題五：深耕高教，大學必須
併校退場嗎？

因應少子社會衝擊的高教政策

靜宜大學教育研究所終身榮譽教授　黃政傑

壹、少子社會下的高教困境

　　國內社會少子化現象是各級學校經營和發展的重要影響因素，先是衝擊幼兒園、國小、國中及高中高職，之後上升到大學，其中尤以大學受到的衝擊更為社會所重視。自1990年代以來，民間團體訴求廣設高中、大學，政府亦對產業及社會發展經過多方評估，形成大學擴充政策，除了新設公立大學和私立大學外，亦遴選辦學績優專科學校改制為學院，再遴選符合條件的學院改名為大學，經由新設、改制、改名，不只大學在校數上快速增加，大學系所學程及其招生名額亦大幅成長，高中高職學生接受高等教育的機會直線上升，使得臺灣成為高教普及化的國家。惟在大學快速擴充之際，高教資源增加很有限，社會各界又不樂見大學學費調漲，主管機關只能編列競爭性經費，包含頂大計畫（前稱5年500億計畫）、教學卓越計畫等，由各大學提出計畫申請，審查後進行分配。此舉造成部分學校辦學經費充裕，但多數學校仍處於飢餓狀態，整體而言，大學教育品質每下愈況，有識之士不斷提出針砭，要求改進。

　　大學擴充現象，除顯現出高教經費相當不足及教育品質低落外，大學經營的競爭加劇，各校為求競爭性計畫通過，無所不用其極，不幸地，更遭逢少子時代來臨及學齡人口下降時刻，教育部預估2028年大一新生將僅剩15萬8千多名，較2016年25萬人相比大減10萬。各校賴以維生的經費重要的來源為學費收入減少，學費調漲又受到嚴格管制，除了開源外，大都採取量入為出的經營模式，力求節省開支。受到衝擊最大的是處於升學競爭志願排序的「後段」學校，以私立大學校院更為嚴重，其招生註冊率逐年下降，處於退場邊緣。許多學校採取的方法是減少教師數量，調高生師比，減少職工人力，刪減服務項目和品質，減少活動的辦理，讓教育品質更加低落。少子化衝擊愈演愈烈，大學先是學士班招不滿學生，後來連研究所碩博士班招生亦出現困境，不單是私立大學受災，公立大學同遭波及，連知名學府的博士班註冊率都出現掛零情形。

貳、大學的開源節流

　　因應少子化衝擊，各大學除了節流外，開源也很重要，增加學生來源乃是各大學的共同策略。有的以成人進修教育作為招生的重點，招收更多成人學生，讀進修推廣部門，再鼓勵其轉銜正規學制，取得大學學位。有的設法鞏固正規學制的招生名額，要求每位教師負責招生工作，強化大學和高中高職的夥伴關係，提供就讀大學的獎助學金，或私立比照公立收費，讓高中高職學生樂於入學就讀。大部分大學都留意到國際招生這一塊，比較知名的大學努力以全球為焦點招收國際生，有的則限以東南亞國家的學生為對象，而更多學校則以招收中國大陸學生為大宗，這當中有交換生、研修生及學位生之別。有些大學為因應困局，陸續實施系所調整、系所虛化、統整系所人力等動作。

參、大學退場與大學整併的因應策略

教育部在政策上凍漲學費及推動競爭性計畫外,也祭出大學減招策略,例如,報到率連續3年未達70%者減招,並隨著少子化現象日趨嚴重而更嚴格規範,並據以降低整體招生名額,舒緩供需不平衡的矛盾。這些策略產生的實際效果,可能讓大學分類發展,讓註冊率好看一點,也有留下有競爭力的大學,逼迫競爭力弱的大學退場的功能。不過,主管機關針對少子化衝擊提出的政策,另一受矚目的是推動大學整併與退場的政策,教育部曾開出大專校院減為一百所以下的政策,要藉由合併及退場來達成,一方面評估及推動公立大學整併,另一方面追蹤大學招生及辦學實況,訂定大學退場條件,列出名單進行監控。目前公立大學整併已由師範校院、科技校院、體育校院及專科學校之間的合併,進到頂大計畫大學也被納入合併的情況。可惜公立大學合併不但未能解決高教生源短缺問題,還會增加合併所需大筆開銷,加重高教困境。大學退場方面,已有高鳳數位學院、永達技術學院兩所私立大學停辦,還有不少私立大學遭到點名,只是教育品質低落、師生安置、退場轉型、董事會監督都是十分棘手的事,而學校該退不退,延宕不決,對師生權益及社會發展都很不利。

教育部早在2014年就已成立「高教創新轉型計畫辦公室」,以少子女化為由,推行「創新轉型方案」,並以跨部會的架構來處理問題。但評論者指出,少子化造成高教問題是個假議題,認為早在少子現象出現之前,大學的生師比提高、師資名額計算公式灌水、辦學經費不足,大學教師勞動條件嚴重倒退,大學教育品質問題重重(許鈺羚,2017. 2. 17)。但少子現象難道只是假議題,還是真的有其實質的衝擊存在?少子社會對大學招生的衝擊,不單是數量的問題,更重要的是教育品質問題,一定要予以正視。

肆、待決問題

　　面臨諸多難題，高教政策該如何調整來因應呢？整體而言，大學國際招生以陸生為主，佐以東南亞學生，是否為國際招生的最佳模式？不少大學採取英語授課方式，來招攬國際生入學，到底有無效果？其教學品質如何？目前新政府上臺，受到政治因素影響，陸生來臺交流、研修及修讀學位都有減少的趨勢，讓以陸生為主的國際招生受到嚴重衝擊。蔡英文政府擬在產業及國際招生上以南向政策因應，強化東南亞國際生入學人數，其困難為何，如何才能達成目標？

　　此外，大學減招及退場政策執行情形如何？各大學如何因應？有何問題？大學退場以私立為主，教育部（2016.9.28）為輔導私立大專校院改善及停辦，修訂實施原則，其中之第二條第一項規定「全校學生數未達三千人，且最近二年新生註冊率均未達百分之六十」，教育部得依「私立學校法」第五十五條規定，命其限期改善，並進行專案輔導。此一規定受到各界詬病，認為只要學校有能力有意願好好辦出優質學校，且經費不虞匱乏，教育部不宜以學生數及註冊率逼迫私校退場。最近，教育部公布「私立大專校院轉型及退場條例」草案。草案指出，未來如果私校財務不佳、積欠薪資或生師比未達標，就要優先列為專案輔導學校，如果沒改善，就會被強制退場，以往外界重視的註冊率和學生人數，反倒不是決勝關鍵（臺視新聞，2017.2.8）。這樣的草案，教師團體及專家學者覺得不滿意，認為只是護航辦學不力的私校，未能保障教育品質及及師生權益。退場之觀察名單是否該公布，以利學生和家長選校？至於大學整併只著眼於公立大學是否適當，有無其他的整併管道？大學整併把大學變大，意味大學教育品質優化還是劣化？面對知識經濟發展、資訊化、全球化、市場化的國際競爭，國內此波高教危機是否也帶來高教發展的轉機？如何化危機為轉機？顯示少子化社會的大學教育確實問題重重而需要儘快有所改變。

第二節 問題診斷與對策

臺灣高等教育面對的挑戰 及因應策略

國立嘉義大學教育系特約講座教授　楊國賜

壹、前言

　　高等教育的發展，通常涉及一些重要的內在與外在因素，且彼此交互影響，其對我國高等教育的衝擊至為深遠。內在的因素，如少子化的衝擊，政治自由民主、社會開放、價值多元等的挑戰；而外在因素，如知識經濟、資訊科技、全球國際化的激烈競爭，以及新管理主義與新自由主義等國內外環境變遷的威脅，導致高等教育急需採取有效因應措施，加速高等教育改革的步調。

貳、高等教育的嚴峻挑戰

一、少子化的衝擊

　　最近各級學校已感受到少子化帶來的威脅，尤其大專院校感受最為深刻的就是，招生嚴重不足的問題。105學年度大學新生招生減少約1萬

人，106學年度約再減少1.4萬人，109學年度減少2.8萬人，因此教育當局迫於現實，不得不在核定大學招生名額時，首次大砍近萬人。教育部指出，由於出生率並未明顯提高，大學入學人口持續下滑。未來幾年，大學減招會成為臺灣高等教育的常態。

其實，少子化不是一、兩天的問題，早在20多年前就有專家學者提出警告，但教育當局皆以「視而不見、聽而不聞」的消極態度因應，遂導致成為當前的燙手山芋，亟待檢討改進。接踵而來的危機，就是私立校院經營更加困難，以致面臨退場的問題，私校教師何去何從的安置，校產的處置，學生的就讀這些問題都是少子化所帶來的困擾。

二、知識經濟社會的挑戰

知識經濟時代的來臨，強化人力素質，提升國家競爭力，乃是現代政府責無旁貸的職責。面對這樣的時代，每一個人都必須是終身學習者，誠如加州大學柏克萊分校教授羅英（Romer, 1994）認為經濟增長要素理論，其核心思想就是將知識作為經濟增長的重要要素。而世界級管理大師杜拉克（Drucker, 1993）在《後資本主義社會》（*Post-Capitalist Society*）書中，也指出「世界上沒有貧窮的國家，只有無知的國家」。由此可見，在知識社會中，知識經濟除可在學校教育裡獲得，也可以在正規教育之外獲得，這一趨勢愈來愈明顯。因此大學教育的提供，一方面可以擴增成人在學習的機會，以獲得大量的知識，激勵民眾不斷地成長，另一方面有助於提升人民的生活，社會的生存和國家的發展。

三、資訊科技的突破創新

由於當前各種傳播科技的突破創新，人類社會的學習活動正在產生一項新世紀的學習革命（Vos & Dryden, 1994; 林麗寬譯，1997）。在這場學習革命中，高等教育機構的學習觀念、學習方法、學習型態、學習

內容或學習評量等，甚至透過遠距離教學，也可以協助師生在網路上討
論功課、辯論相關議題，以及進行專案研究等工作，有必要加以調適因
應。

　　尤其是，新世紀的學習革命，也衝擊教師教學觀念的改變，在資
訊時代的今天，教師角色也改變為學習過程的諮詢者、教學資源的提供
者，以及學習方法的促造者，而且宜以新資訊科技讓學生學會利用資訊
高速公路，在網上學習新知識，以拓寬學生視野。同時，在面對虛擬世
界的教學，學生的人際關係疏離感亦日趨嚴重。有鑑於此，大學應加強
學生的資訊網路倫理，以保護他人的隱私權，且培養學生對自己網路交
友的正確判斷。

四、全球化國際競爭的激烈

　　我國於2002年1月1日正式加入世界貿易組織（World Trade Organiza-
tion, WTO）之後，與全球經貿體系的關係更加密切，但也對經濟、產
業、教育、文化及個人產生衝擊日趨嚴重。根據WTO的協定，臺灣必
須對外開放高中職以上的教育市場，在「對等承認」與「學術認定」的
情形下，勢必對臺灣高等教育的經營與發展，形成嚴峻的挑戰（教育
部，2001）。

　　面對全球化的國際競爭，世界各國的高等教育也逐漸打破藩籬，使
大學的運作模式與教育功能產生衝擊與變化。現代高等教育的國際化，
是指各國的高等教育機構跨越了種族、國界、文化、思想等有形無形的
界限，透過各種管道推行各類的學術活動。藉由高等教育的國際化，可
以培養出具有國際視野、全球化意識，並能尊重多元文化的人才，很值
得大學校院加以重視。

　　尤其是，由於國際競爭的激烈，各國政府採用高薪禮聘國際級大師
前來講學，或參與研究。因此，人才流動已無國界限制，而高等教育能

否獲得優勢，其關鍵也在於「創新」和「品質」。至於未來高等教育市場勢必更加開放，有可能導致各國高等教育的競爭更為劇烈。

五、教育市場化的挑戰

近年來，不少國家高等教育改革政策逐漸用市場機制，走向高等教育大眾化的趨勢（莫家豪，2004：36-37）。其實，教育市場化是指大學經營管理的手段透過市場化機制，更加重視效率、效益、效能，將大學治理到達充分發揮引進資源的績效，提升教育資源運用的效率，以提供實現大學治理的目標之充分條件。

目前各國政府預算赤字大幅增加，嚴重威脅到經濟發展。因此各國政府紛紛尋求將公共服務予以分權化、簡約化規則，發展專門知識及採用新的管理方法加以因應。這種發展趨向正對高等教育領域產生影響，尤其當大學高度依賴政府預算贊助時，大學必須引進新管理主義，參採私人企業的管理法則，賦予執行部門更多的自主與責任，強化大學內部資源的有效管理，以顯示出績效責任，導致大學的組織必須加以重組與革新。

參、高等教育的因應策略

面對上述影響我國高等教育發展的內外在因素所帶來的衝擊與挑戰，滋生許多問題。其實，危機就是轉機。期盼大學校院能積極尋求突破，創新校務。因此，政府有必要對整個高等教育的發展，虛心檢討，採取理性而穩健的態度，從事合理的規劃，建立一套完善的公平競爭與合作的機制。誠如最近大學校長會議中，教育部提出「高教深耕計畫」的構想，以「面對挑戰、迎向未來、連結在地、接軌國際」為主軸，並以厚植學生基礎與實作能力，連結校園教學與社會議題、形塑高教職能

創新與創業場域、推動高教國際發展全球布局為目標,整體構想尚稱完善,值得肯定。此外,大學本身也應積極研訂各項具體可行的策略,以強化我國高等教育的競爭力,迎接高等教育的挑戰。

一、重視培養新世紀社會所需求的學生關鍵能力

大學為因應少子化與開放教育市場的挑戰,首先必須盤點並善用各校自有資源與條件建立特色。其次,結合社區人文環境與社會脈絡兼顧社會需求與學生發展,以凝聚學校的重點,發展特色與亮點。尤其大學特色的發展,應以增進學生學習成效與教師專業發展為主軸,全面提升大學教育品質為核心;重點要做好學生品質管控,打造優良學生的品質保證,建立大學的好口碑。同時要求教師做好培育人才的工作,培養一群「有理想、有抱負、有能力」的學生,以提升學生的競爭力,自然而然,學校生員也會逐漸回流,逆勢成長。

二、彈性調整大學的組織架構

大學行政的運作,應重視服務品質及提升行政效率,以充分支援教學與研究。尤其在知識社會中,大學扮演著「知識創新」與「培育優質人力」的重要角色,如能率先落實知識管理的組織運作,必能有效改善繁雜的校務工作,提升行政效率,增進服務品質。

尤其是,大學在明確定位後,行政組織宜重整再造,對於未來大學的校務發展計畫,宜作前瞻性考量,整體規劃轉型,並與國際名大學進行學術交流,簽訂學術合作,更能創造競爭優勢。

三、積極進行革新大學課程內容與教育型態

由於資訊科技突飛猛進,而全球化的經濟、文化、社會及新科技的發展,對高等教育造成教育理想的鬆動。因此大學校院在教學內容與方

法上宜有變革的創新，諸如課程目標可著重資訊的蒐集、運用、管理與創造，學科則可加入資訊科學、邏輯、電腦理論與運用；在教學方法上則以電腦作為媒介，利用網路蒐集資訊，以建立學習者與教學者的溝通管道。此外，更可開發與普及遠距教學，或「摩課師教學」（Massive Opened On-line Courses, MOOCs），或網際網路教學，以利有效學習。

四、加強推動通識教育，培養大學人文素養

　　有鑑於全球化衝擊，對世界各國高等教育帶來巨大的影響，我國高等教育亦不例外。因此，大學校院宜如何在教育內容的「本土化」與「國際化」之間，在教育機會平等與學生能力取向之間，有個人利益的追求與整體社會規範的建構之間，宜維持應有的均衡。因此，為有效提升大學生本土文化素養及重建大學教育主體性，有必要深化大學通識教育，加強「全人教育」的規劃，更應重視文化素養的提升與健全人格的培養。

五、擴增成人回流參與高等教育的機會

　　為因應知識經濟時代的來臨，強化人力素養，每一個現代人都必須是終身學習者。尤其成人重回大學學習已成為廣大民眾求知的高度期望。因此，大學校院有責任擴增成人在學習的機會，同時亦可以彌補生員的不足，可謂一舉兩得。其具體作法（楊國賜主編，2001：88-90）如下：

　　(一) 擴增大學生在職進修管道，滿足在職人士的學習需求

　　(二) 開辦新型態的成人高等教育機構，辦理推廣成人進修教育。

　　(三) 建立認可各種學習成就的機制，並儘速建立學分累積與轉移制度，且能獲得承認抵免，增加回流教育的彈性。

　　(四) 大學院校採取門戶開放的策略，為成人學生採取「放寬入學條

件、改變入學方式」的作法，仿效瑞典政府所實施的「4/25的規則」，意即規定25歲以上的成人，只要具有4年的工作經驗，及基本語言與數學能力達到一定的水準，就有進入就讀的資格。

肆、結語

　　近10年來，由於臺灣社會急遽變遷，加速社會走向多元開放的發展，更由於全球化的國際競爭激烈的衝擊，臺灣高等教育尤應儘速採取適當的因應措施，從事通盤的政策規劃，進行重大的轉型，要有面對挑戰、突破困境的勇氣與胸襟，舉凡高等教育的理念、經營的型態、制度的變革、組織的調整、課程與教學的創新等加以虛心檢討，採取理性而前瞻的態度，從事合理的規劃並塑造大學的新價值與新文化，提升大學校院的競爭力，期能獲得社會重視、肯定與支持，讓臺灣高等教育能永續發展，也為大學生開創有希望的美好未來。

因應少子化的高教政策

高苑科技大學校長 曾燦燈

　　依據教育部統計資料顯示：從2014至2019學年度全國大學新生人數幾乎逐年銳減，從2014學年度的27.5萬人到117學年度，大學新生數將只剩15.6萬人（教育部2014學年度推估統計）。屆時將有不少的大學院校將會面臨退場的嚴重現實問題，也有逾萬名大學院校教師將面臨失業的問題。筆者曾擔任6年多的大學校長，對當前我國高等教育要如何因應少子化的衝擊擬從「問題分析」與「解決策略」兩方面來論述。

壹、問題分析

　　問題分析通常包含數個程序：一、問題陳述；二、具體闡述問題；三、分析引發問題的原因；四、深入探究引發各個問題的深層原因；五、決定最可能的原因；六、運用可靠資料來證實所分析的原因。因此，問題分析與解決問題的作業流程應該是：先發現與期待產生落差的Problem，接著分析選定作為具體課題的Question，最後找出作為解答的Answer。

一、問題陳述

　　當要描述、分析和解決一個問題之前，必須對所謂的「問題」先加

以定義。

(一) 所謂「問題」就是「期望與現狀的落差」。從大學院校招生缺額逐年增加就能看出少子化問題對高等教育的衝擊。

(二) 所謂「問題」就是「必須被解決的課題」。若沒有有效的解決，對未來我國高等教育將產生嚴重影響。

(三) 問題具有problem和question兩面性。所以分析問題的本質，除了真正瞭解現狀與期待之間的落差外，尚要分析這個「問題」所延伸出來的課題。例如：少子化問題延伸出來對國家整個人力、勞動力、及生產力的問題，甚至會改變國家的經濟產業結構。所以「少子化」問題根本就是「國家競爭力及國家未來安全的問題」。

經由上述對問題本質的分析，針對少子化對高等教育的衝擊問題陳述如下：少子化對我國高等教育引發許多問題，基本上，可歸納成下列兩個主要問題：1.學校招生人數不足問題；2.高等教育品質危機問題。

二、各項問題內容與產生原因分析

㈠ 學校招生人數不足問題

教育部預估：100學年度缺額5.7萬人；105學年度缺額6.9萬人；110學年度缺額將高達7.1萬人。其主要原因是大學學校數太多，入學學生數相對減少，因此，造成學校招生人數不足之必然現象。所謂「招生不足」問題又可細分成很多課題：

1. 偏遠學校交通就學不方便，招生不足課題

所謂的「東倒西歪、南傾北斜」問題。少子化浪潮首先衝擊這些遠離都市與交通不便的學校。例如花東地區、臺南、高雄、屏東及離島地區。

2. 學校整併、創新轉型與退場課題

目前我國大學院校及軍事院校總數高達160所以上，大學密度全

球第一。各國高校淨在學率，臺灣每100個20歲年輕人，就有72個大學生，居全球之冠。因此，大學整併、創新轉型及退場勢在必行。

3. 大學院系所結構調整課題

過去10年統測報考商管群、餐旅群及機械群人數變化很大。2007年報考商管群人數46,902人，到2016年下降到24,326人；反之，餐旅群報考人數從2007年的21,105人到2016年增加到24,362人，已經超過商管群人數。統測機械群報考人數從2002年的18,700人降到2016年的9,354人；餐旅群報考人數卻從2003年的10,092人提高到2016年的24,339人。大學院系所培養的人力與產業人力需求嚴重失衡，為了好招生，各校儘量投學生所好，大量設餐飲、觀光、休閒等科系，教育主管機關也幾乎沒有控管，這對國家未來經建人才的需求會產生嚴重的失衡。再者，今天進入工業4.0時代，有競爭力的人才必須是跨資訊科技與機電科技的人才。換言之，未來大學院系所漸捨單一所系開課，宜開設專業學群或跨領域學群。

4. 大學校務經營課題

受到少子化衝擊，公私立大學學生人數逐年減少，學校學雜費收入短缺甚多，無力改善學校的教學設備及品質，學生素質又參差不齊，整個教育成效完全受到影響。私立學校為了生存，全校教職員工幾乎全年在做招生工作，嚴重影響教師的教學，若學校將教職員工招生成效列入員工績效考核，那對教師的教學影響更大。因此，為了生存，大學院校應該推動校務創新經營。

5. 人才培育教訓考用合一課題

有人說今天臺灣的高等教育所培養的學生「博士滿街走、碩士多如狗、學士在遛狗」，意思是說有很多高學歷的人畢業即失業。筆者在科技大學擔任校長多年，瞭解到這個問題形成的原因很複雜。諸如課程設計的問題、實習制度問題、設備問題、師資理論與實務兼備的問題……

等，均值得重新思考，以達成教訓考用合一的目標。

6. 高教畢業生學力與就業競爭力課題

學歷不等於學力，眾所皆知。學力也不等於就業競爭力。高等教育的目的就是要培養既有學力又有競爭力的職場所需人力，因此，當大學學生人數逐年減少時，如何提升學生的學力與就業競爭力就成為當前我國高等教育的重要課題。

㈡ 高等教育品質低落危機

少子化的影響不僅是表面上學生人數逐年減少，更重要是學生只要想進大學院校讀書幾乎都有機會。因此，造成學生素質參差不齊，教師在班級教學制度下，很難兼顧學生程度的個別差異。這個問題引發底下幾個重要課題：

1. 課程分流課題

由於學生的程度參差不齊，特別是專業及語言課程，必須在行政上規劃課程及教材分流，進行分組教學。如此才能引發學生學習興趣，同時可以提高學生學習成效。筆者擔任科技大學校長時即推動課程分流制度，針對入學即就業及雙軌旗艦班學生開設「生活美語」、「實用微積分」、「實用經濟學」……等很多課程，由學校教師自行研發教材，教學注重生活實例，學生也感覺學習是一件快樂的事。

2. 師資結構面臨調整課題

由於少子化衝擊，造成有些系科招生不足或困難，致使部分教師因學生人數不足而產生無課可上之窘境。有些科系過去學生多，現在學生少，學校若無教師退場機制，則造成多位超額教師問題。另外一些為了好招生而新設的學程或改系所名稱的系科，則造成專業師資的不足，董事會基於學校財務因素又不增聘教師，讓非專業的教師來教專業課程，學生怎會學好呢？這不僅是教師人力問題，也是教師教學品質問題，更

影響到學生的學習權益，各個問題環環相扣，相互影響。

3. 併系（科）、併班上課課題

由於某些系（科）招生人數不足，學校行政單位為了節省經費，因此，常常要求不同科系、年級選讀相近課程學生合併上課，嚴重影響學生學習及教師教學。教育部雖三令五申嚴格禁止如此措施，但大多數學校幾乎多陽奉陰違。

4. 大量聘用兼任教師及專案教師課題

為了因應少子化的衝擊，每校幾乎遇缺不補，甚至有些學校還被媒體報導惡性資遣大批教師，造成校園動盪不安，教師只顧抗爭，無心教學，學生也無法安心學習。這種情形嚴重影響高教的品質。

5. 打折計算教師鐘點費課題

有些學校因為少子化衝擊，招生人數不足，因此，為了節省學校鐘點費的支出，竟然想出怪招，用每班選課人數來核發教師的鐘點費。有些教師鐘點費被打折後，竟然比高中教師鐘點費還低，無法用心教學，常嘆不如歸去！

6. 教師為了生存，被迫以招生為主要任務，教學變次要工作的課題

在招生高峰期，即每年4到6月，各校要到各高中職校去參加招生博覽會及做班級宣導，幾乎出動學校全體教師到各高中職去做班宣，在校生幾乎被迫調課或停課，嚴重影響教師正常教學及學生學習。這樣的高教品質怎會好呢？

7. 教學評量課題

少子化導致大學生素質降低，因為生員不足，大學變成買方市場，學生有好幾個學校做多重選擇，如果某所學校教師要求嚴格，他就轉到別所學校就讀。學生繳交的學雜費是私立學校主要的經費來源，若校方擔心學生數愈來愈少，就會請教師放水，如此必然導致畢業生品質

不佳。再者,學生在填寫教學評量問卷時,將教學嚴格教師故意打低分,造成大學教師對學生不敢嚴格要求,品質自然低落。

貳、解決策略

經由上述有關「少子化對高教衝擊問題」分析之後可知,主要問題有二:一、如何有效招生擴大生員?二、如何控管大學教育品質?這兩大問題又產生很多受到少子化影響的具體課題 。茲分成兩大部分來提出有效的解決策略:

一、有效招生擴大生員策略

㈠明確學校定位,發展學校特色

學校要吸引學生來就讀,首重學校定位要明確。2000年8月1日筆者受聘到高苑科技大學擔任校長,經過審慎的觀察分析學校的地理區位,它就位在高雄科學園區的特區裡面,有名的工廠林立,而且岡山、路竹又是全世界最大的螺絲螺帽生產基地,放眼學校方圓40公里內有兩個科學園區、數個工業區、兩個加工出口區、一個高雄軟體園區及3,000多家廠商,涵蓋21種主要產業,這些產業又和學校科系有好的連結。因此,筆者經與學校同仁深入討論後,將學校定位為「貼近產業、與產業無縫接軌,培養學生畢業即具備百分百就業能力的優質產業型科技大學」。因為定位明確,所以每年都能吸引很多高中職學生前來就讀。

㈡訂定有效可行的招生策略

當筆者剛到高苑科技大學服務時,針對學生來源及地區結構進行分析發現:65%左右的學生來自南部高高屏地區,這個比率代表它仍然較偏一所地區性大學,沒有全國知名度。因此,筆者在主管行政會議中宣布學校的招生總策略「深耕高高屏,拓展雲嘉南,進攻中彰投,跨越桃

竹苗，前進北北基，照顧花東宜」。根據這個總策略，訂出很多有效的具體招生作為，學校同仁人人朗朗上口，團結一致，突破招生困境，讓學校知名度逐漸打開，克服招生困難。學生來源也在數年內普及到全國各地。

㈢每年調查新生入學原因，瞭解影響學生選擇學校的因素

經過多年調查新生入學本校的主要因素發現：影響學生選擇學校的主要因素如下：（參閱高苑科技大學招生資訊資料庫及行政會議報告）

1.學校形象；2.系科排名；3.地理位置；4.招生宣導規劃；5.獎學金制度；6.教師素質；7.社會評價；8.校友就業；9.讚賞校風；10.研究品質。學校應針對這些因素檢討改善，才能吸引學生前來就讀。

㈣檢討學校各系所招生狀況，分析社會變遷及產業未來人力需求，配合高中職校科別改變，迅速進行學校系所整併、轉型、改名或新設一些跨領域的學程，以滿足學生學習上的需求

這方面要有完整的決策資訊及配套措施，包括課程、師資，設備及系友的意見，均要事先詳細規劃，如此才有成功的可能，也才不會解決一個問題，製造出更多問題。

㈤擴大招收境外學生

所謂「境外生」包括外籍學生、僑生及陸生。這方面要配合政府政策，例如，政府正在推動新南向政策，學校可擴大招收東南亞外籍生及僑生。開設外國學生專班及境外專班，開設全英語學位學制班，並且可以擴大與東南亞學校交流，包括學生、教師及技術輸出。以上這些措施都要設立專責單位及請專人負責規劃。當然，學校校長及董事會的支持才是成功關鍵因素。

二、有效確保高教品質策略

我國這波高教危機，除了受少子化因素衝擊外，事實上也透露出高等教育長年所埋下的隱憂，包括數量急速擴張、技職普通大學化；普通大學技職化，與各自教育目標完全無法吻合。學用落差很大，系科人才培育失衡……等問題都需檢討。茲提出幾個具體作法，來確保高教品質：

(一) 請行政院設置跨部會國家人力培訓溝通平臺，全面盤點高教人力培訓與產業人力需求落差，以改進目前高教系所人力嚴重傾斜餐飲、休閒、觀光等服務業而輕視工業基礎人才培訓現象。

(二) 請教育部設置國家經建人力規劃司，有系統的檢討目前高教系科設置普遍傾向好招的餐飲、休閒、觀光等科系，同時全面規劃國家高教人才培育內容，以符合國家經建需求，提升國家競爭力及生產力。

(三) 改善目前高教品質六大課題

1. 提升學生實務能力：讓學生入學即就業，課程和其就業的單位共同規劃，提高學生學習興趣。

2. 鬆綁通識課程：讓學校自行規劃符合其學生需要及程度的通識課程。

3. 提升教師專業技術能力：規劃教師到業界學習技術的具體作法，以減少學理與實務的落差。

4. 提高學生每週實習數及實驗時間：有助於學生和業界之間的互動與瞭解，提早適應未來的職場生活。

5. 修正高教教師升等制度：建議採積點制，包括教學、行政、研發、論文、著作、帶學生實習及參加比賽得獎情形、指導學生證照考試……等具體貢獻。點數訂定由學校報請教育部核定。

6. 修訂高教課程結構：增加專業課程、實務課程、跨領域課程、

跨學校及院系課程，減少一些較八股的課程，進行課程分流，滿足不同
程度學生需求。

政府若能改善上述影響我國高等教育品質的六大課題，則我國國際
競爭力及高等教育品質一定會更好。

下篇：學校行政與教育問題的診斷與對策

第六章

問題六：權責不符，校長如何
辦好教育？

第一節　問題背景

有責無權，中小學校長難為？

淡江大學教育研究所退休教授　吳明清

　　過去，大家推崇校長是學校的大家長，是學校親師生的精神導師；現在，大家則期待校長是學校的CEO，是校務發展的領航舵手。然而，既為學校的CEO，校長在當前教育制度和學校生態中，是否擁有充分的「權力」，來領導學校同仁進行校務興革的規劃與推動，以承擔校務經營的「責任」，就值得重視和關切。

　　依據「國民教育法」（第九條）及「高級中等教育法」（第十四條）之規定，中小學各置校長一人，綜理校務，應為專任。所謂「綜理校務」，意涵須負校務運作及發展的全責，故校長應有對等的足夠「權力」來辦學。然而，有關中小學校長的權責問題，我們常聽到的說法是：校長「有責無權」，故校務經營必須「赤手空拳」，終而「委曲求全」，如若不幸捲入官司，則恐「褫奪公權」。此說法究係校長們單方的情緒感受，抑為校長辦學所處的真實困境？值得深入探討。

　　在學校的權力結構中，如若校長的「權責失衡」，無論是「有權無責」，或是「有責無權」，均將不利於校務經營，也不符組織正義。「有權無責」將使校長成為享盡權力而無所事事或為所欲為的太上皇；「有責無權」則校長雖將校務一肩挑，即使行政專業能力高強，恐亦成

為淺灘之龍，困而難為。因此，如何在政策與制度上營造一個「權責相符」的環境，以利學校教育之發展，應是教育改革的重要課題。在校園民主化的發展歷程中，我們無須為校長爭權力，但我們必須為學校發展和學生學習營造最有利的環境和條件。中小學校長的權責相符，應是學校發展與學生學習的有利條件。

中小學校長在權責上的困境
與解決對策

國立中正大學教育學研究所教授　林明地

　　在以往，校長的職務與工作一直是大家敬佩與尊敬的，職業聲望極高，因此也是許多教育人員持續努力的目標；考上中小學校長，是值得慶賀的。但曾幾何時，中小學校園生態已有蠻大的改變，特別是校長在工作上因為權責失衡，不但一方面造成校長在領導上的困難，另一方面，更影響學校的正常運作與卓越表現。這種同時影響學校個體與整體表現的現象必須加以正視，尋求改善。

　　以下針對中小學校長在權責上的困境進行問題分析，並提出解決對策。

壹、問題分析

　　根據作者（林明地，2002）的研究與分析，校長在學校肩負著多元的責任，並扮演包括教育者、行政管理者、文化領導者、專業社群的一分子、個人自己的多元角色。為承擔並完成其任務與責任，校長必須

有相對稱的權力，以發揮其功能，協助學校核心任務——高品質的教與學——之達成。

　　詳細言之，校長在學校中，首先必須致力於整體學校的精進（這可以包括學生個體的學習與團體的學習表現，形成課程與教學特色，甚至是發展學校整體特色招牌），以及教學的精進（主要是提升教師專業成長與發展，以及學生多元學習成效）等教育者的角色。其次，校長必須做好行政管理者的工作，除了例行的校園安全、分工與協調、幹部與人事安排、作決定、省水、電、油、紙等四省計畫、公文流程管理、學校評鑑、維繫社區（與家長及社區連結）、籌措資源（例如學校社團經費、弱勢學生的照顧、水電費等）、協助教育行政機關執行政策、做好政策服務（例如配合縣市政府、教育局處辦理活動）、處理法律問題（例如學生受傷國賠、性平處理等），而且還偶而要處理「危機」問題，特別是在少子女化問題愈來愈嚴重之後，部分校長必須面對與處理學校「存亡」的危機。第三，校長必須是文化領導者，營造學校的使命感、教學與行政目的感、教育目的感、塑造學校文化，經營學校氛圍，並成為主任組長、家長與老師、學生、議員與政府彼此之間的橋梁。第四，校長也是教育領導與行政專業，或者學校行政人員專業社群的一分子，這雖與校長在學校內部角色扮演關係較不明顯，但卻與校長的權責承擔與發揮有關聯性，因為外部環境對學校行政的態度，會影響校長在校內權責的行使。最後，校長也扮演自己，其人生觀是積極或消極？生涯規劃、時間管理的習慣，以及對教育的使命、信念、哲學觀為何？都與其權責發揮、行使，以及學校運作關係密切。

　　理想上，這些角色扮演以及任務承擔，可以協助校長（行政人員）、教師、家長為學生學習提供服務與協助，形成一種夥伴關係及生命共同體，構成促進學校進步的「鐵三角」，以學生之最佳福祉為考量，促進學校教育發展。在其中，學校行政組織架構及人員編制係依法

而設，所以學校行政各處室是一個法定的組織，各行政人員依法應執行法令所賦予的職責，其若不執行法令所賦予之職責，則會有違法失職之虞，因此校長與學校行政人員依法來推動校務乃是責無旁貸的；而教師（個人）或教師會（團體）在參與校務運作上之定位，乃屬於內部參與、分工與協調、諮詢性質，而不是最後決策的性質；同時家長（個人）或家長會（團體）在參與校務運作上之定位，也是偏重於參與、諮詢、提供協助、要求提供資訊（監督）等角色，但也不是最後決策者的角色。

可惜目前因為相關法令訂定的不清楚（例如老師需否擔任導護）、整個社會對教育信心逐漸下降、教育人員士氣漸進低落、媒體助長社會風氣等因素，使得校長在權力行使以及責任承擔上產生失衡，其出現的問題或困境主要如下：

一、法令規定不清楚，影響學校實務運作模式的混淆

究竟學校是屬於首長制或是委員合議制？首長制偏向校長對校務運作、學生學習表現、學校發展負起責任，這符合「國民教育法」（2016）第九條：「國民小學及國民中學各置校長一人，綜理校務，應為專任」、「高級中等教育法」（2016）第十四條：「高級中等學校置校長一人，專任，綜理校務」等規定相符。而委員制則是依校務會議的決議而行，特別是重大事務。例如「國民教育法」（2016）第十條規定：「國民小學與國民中學設校務會議，議決校務重大事項，由校長召集主持。校務會議以校長、全體專任教師或教師代表、家長會代表、職工代表組成之。其成員比例由設立學校之各級主管教育行政機關定之」。或者是「國民教育法施行細則」（2016）第十二條規定：「本法第十條第一項所定校務重大事項，其內容如下：一、校務發展計畫。二、學校各種重要章則。三、依法令規定應經校務會議議決之事項。

四、校長交議事項。」或「高級中等教育法」（2016）第二十五條規定：「高級中等學校設校務會議，審議下列事項：一、校務發展或校園規劃等重大事項。二、依法令或本於職權所訂定之各種重要章則。三、教務、學生事務、總務及其他校內重要事項。四、其他依法令應經校務會議議決事項。」「校務會議，由校長、各單位主管、全體專任教師或教師代表、職員代表、家長會代表及經選舉產生之學生代表組成之。」另外，「高級中等以下學校教師評審委員會設置辦法」（2015）指出，關於教師初聘、續聘及長期聘任之審查事項。校長、家長會代表、教師會代表一人為當然委員、選舉委員由全體教師選（推）舉之。而「公立高級中等以下學校教師成績考核辦法」（2013）亦規定，成績考核委員之組成是由教務、學務、輔導、人事、教師會代表、教師委員組成，但校長卻不是委員，校長對於教師成績考核雖依法可復議、變更，但須註明事實及理由。

這些法令規定都多多少少造成校長在學校運作模式上，究竟是屬於首長制或是委員合議制的混淆，並影響學校日常行政運作。

二、人事安排上的困境

校長在人事安排上的困境，首先，是學校行政人員安排的困難。因為「教師法」（2014）第十六條規定，教師接受聘任後，依有關法令及學校章則之規定，享有許多權利，包括「除法令另有規定者外，教師得拒絕參與教育行政機關或學校所指派與教學無關之工作或活動。」若校長想從其他學校邀請有意願或優秀的老師來擔任行政人員，則需經學校教評會通過才可以，若學校教評會不同意聘任該教師，校長就不能聘用該主任。

其次，是導師安排的困難。「教師法」（2014）第十七條規定，教師有擔任導師的義務，但是學校老師中，誰來當導師？如何安排（例如

誰當低年級、高年級導師，擔任多久）？等，並無規定，若這屬於學校重要章則，則須學校校務會議來決定，若校務會議決議以抽籤方式安排導師，校長似乎就須遵守。

最後，是教師任用與解聘等的困境。學校教師的介聘傾向於是「教師選擇學校」的「單向選擇」，學校較難選擇教師的學科領域專長、專業能力、人品操守等（特別是在小學更是如此）。對於啟動不適任教師輔導處理機制亦存在困難，因為學校教評會成員多數擔心影響同仁的工作權，因此經常投票後，仍不願做出停聘、解聘、不續聘教師之決議。

這些困境使得學校經常出現「行政大逃亡」的現象。這包括校長本人自己不願意再擔任校長的工作，選擇提早退休；或者有熱誠、專業能力的人也缺乏擔任學校行政人員的意願，校長在組織學校行政團隊上不容易，經常需要拜託老師本人或其另一半，有時更落入「抽籤」、「輪流」擔任、新進同仁被迫有義務擔任等現象；更重要的是，學校行政團隊因此而經常更換，人員流動頻繁，對學校正常運作與整體表現產生不利影響。

貳、解決對策

究竟要如何重整學校權力結構，讓校長有責亦有權，讓學校可以正常管理運作外，並進一步達成學生學習卓越表現的目標。茲提供下列建議供教育行政機關及校長本人參考：

一、學校相關人員對校長應持有合理、務實、且較為一致的期待：一般而言，學校利害關係人對校長都有不同的期望，這包括希望校長跟老師一樣會教學、與學生一樣能參與各項學生活動、與家長一樣關心個別學生以及學生團體的學習、與民意代表一樣做好學校公共關係、

與縣市政府、教育局配合，推動各項（教育）政策與活動，並進行專業領導帶領導師共同備課、觀課、議課等；但校長不是萬能，且時間有限，不能同時出現在不同場合，照顧不同任務，特別是這些期望常常出現彼此相互矛盾的現象，使得校長「無所適從」。因此期待學校相關人員對校長要有更合理、務實、較為一致的期待。或者以學校整體（團隊）的概念，來看待對學校領導的期望。至於這樣的期望為何，是可以討論的，且可以不是靜態的。

二、教育行政機關編列之經費應能滿足學校日常運作之需求，學校需要經費不必「求議員」協助。免得「欠」民意代表人情，以致影響學校行政運作。

三、教育行政機關人力的量與質，均應提升，以避免再將許多教育局處的業務轉嫁給校長或學校行政人員，讓校長必須身兼教育局處的幕僚，以及第一線執行者的角色。

四、慎重考量停止設置校長遴選委員會的浮動委員，特別是該校教師的浮動委員。校長遴選時是需要徵詢教師的意見，並探詢其意見背後所代表的意義，但該校教師最好不要參與遴選投票，否則校長就比較不敢在日常學校生活中啟動變革或革新措施。

五、提高學校行政人員的職務津貼加給，以及尊榮感，以提升學校教師擔任學校行政人員的意願與使命感，增加校長組織學校行政團隊的可能性。

六、賦予校長更大的人事權力，這包括教師聘任、介聘制度可依學生學習需求為考量去聘任（例如學校需要音樂老師時，可以聘音樂老師）、學校行政人員的任用權等。

七、成立中央級的不適任教師處理機構，排除地方民代關說、及校內教評會人情壓力考量，減輕校長壓力。

八、慎重考量教師輪調制度，以改變「菜校長、資深老師」的校園

文化。

　　九、政府投入經費，建立校長專業發展、支持系統。學校有許多問題並不需要都經由法律層面才能解決，平時即可藉由校長的會議主持、管理、溝通、協調收到效果。而增進校長在這些方面的知能，將有幫於校長權責運用。增加校長在法律面的認知、媒體素養、公關素養、與社區互動、財產申報、利益迴避等專業知能，相當重要。

　　十、建議校長審慎、勇敢地使用權力，但教育局處必須給予校長在法律等方面的支持與協助。例如，法令授予校長對考績的覆核、逕予核定的權力，但是多數校長不願或不敢用這樣的權力，為什麼呢？其主要原因乃在於考慮到後續可能造成的負面效應，尤其是跑法院、被投書、申訴、蒐證、反控……等可能面臨的法律問題。校長處理校務之餘，尚需面對煩人的調查與纏訟，卻又缺乏能力面對，因此教育局處須提供校長訴訟、控案時的協助，相當重要。

　　最後，本文作者常常鼓勵現任校長或是希望成為校長的教育人員，永遠保持對教育與行政工作的熱情與初衷，鼓勵校長對行政工作「選擇我所愛、愛我所選擇」，特別是在困難的時刻。因此有關校長「赤手空拳」、「有責無權」、「委屈求全」等較負面的語言，儘量不要出現在校長的日常言語中，以贏得學校同仁及社會大眾對校長職務及行政工作的尊重，協助學校日常正常運作，並達成學校核心任務「提升學校學生個體與群體多元學習潛能」的卓越表現。

校長權責的困境

新北市立鄧公國小退休校長 張榮輝

「有怎樣的校長，就有怎樣的學校。」傳統上，校長是學校的靈魂人物，關係到教育經營的成效。成功的校長是卓越的首席教師，也是優秀的學校行政的管理者。大家都會說：「校長很重要！」但是很少有人會主動想到「如何幫助校長？」「只要學校教育出了問題，第一個想到的卻是校長要負責。」這是很弔詭的事。

壹、校長身分定位

校長的身分地位或扮演的角色，似乎無庸置疑的是「學校與社會的當然領導者、更是絕對的決定者」。但是，事實並非如此，近10年來受到教育改革的衝擊，有必要重新詮釋「國民中小學的校長是什麼？」目前法制對校長的職權限制太多，責任卻是無限上綱。校長在學校推動校務的困境愈來愈嚴峻。

一、發現問題

㈠ 當前校長在法律上的定位為何？

校長是教師或是公務員？目前無明確的法令規範；校長被認定是「公務員」都是傳統上的慣例與參照規定，相關法規並未將校長的身分角色做明確的定位。校長具有公務員身分之認定，依據司法院81.11.13

釋字第三○八號解釋：「公立學校聘任之教師不屬於公務員服務法第二十四條所稱之公務員。惟兼任學校行政職務之教師，就其兼任之行政職務，則有公務員服務法之適用。」

(二) 校長在學校自主的角色？

從學校現場的行政領導來看，依據「國民教育法」、「師資培育法」及「教師法」等相關規定，學校在總體課程規劃、教學實施、教師聘任、經費編列管理等方面有完整的「本位管理權限」。但是，學校本位管理之運作究係「校長首長制」或「合議制」？存在著諸多的爭議。

教改之後，對於「學校教育權力結構」的解放，目的在大刀闊斧的破除教育權力結構；但是權力下放之後，卻又迷失於「校園民主」的意識型態。以至於整體權力大量釋放，但是權力之行使與運作卻無適當配套規範之。

學校組織運作是「以校長為首」的首長制？抑或是教師治校的合議制組織？迭有爭議。

「國民教育法」第九條第一項規定：「國民小學及國民中學各置校長一人，綜理校務，應為專任……」，卻又在「國民教育法」第十條校務會議的規定、「教師法」教師評審委員會的設置、課程綱要課發會對學校整體課程之運作、校長遴選法制及教師教學自主等等，讓有心人士認為，國民中小學是「學校本位、教師治校」的合議制組織。校長只不過是執行者。

嚴格論之，當前小學校長的學校領導，在學校自主管理的大方向上，是沒有很大的自主空間。例如：學校重要章則，受制於校務會議；學校課程規劃實施，受限於課程發展委員會；教師遴聘任用，受困於教評會；教學視導及教師服務績效，受阻於教師法無明文規定教師應受評鑑。如此法無明確規範，而使校長領導無法發揮或影響有限。

二、分析探討

㈠ 校長不再是強勢的支配角色

以往，校長的確是學校的最強勢者。但是現在卻過度將權力結構扭轉，造成「校長幾乎淪為被支配者的角色」。更嚴重的是幾乎要承擔所有的學校經營責任。

「全國中小學校長協會」成立之初，有人質疑：「校長為什麼要組織協會呢？校長不是強勢的支配者嗎？校長是不是為了守護既得的權力或利益呢？」其實，使校長身分地位明確、權力權利清晰，應承擔的責任也相當的清楚，有助於學校校務的推動，直接間接的有利於對學生權利保障。

㈡ 校長在教學領導的定位

學校一向被認為是鬆散的組織，就專業角度而論，校長在學校的領導核心項目，應該是「教學領導」，亦即校長應優先善盡首席教師之責。

㈢ 校長在行政管理的定位

國民中小學專任行政人員編制少，但有關「學校外部整備事項」之行政庶務卻相當繁雜。尤其由教師兼任行政職務之比例，遠遠高於「大學、專科或高中」的行政人員。因此，校長身兼二大領域的領導者，其任務艱難程度，豈是一般大學校長所可比擬。

三、解決對策

㈠ 校長需要更明確的身分定位

1. 「大學法」第八條第一項規定：「大學置校長一人，綜理校務，負校務發展之責，對外代表大學；並得置副校長，襄助校長推動校務，……。」

2.「高級中等教育法」第十二條第一項規定：「高級中學置校長一人，專任，綜理校務，除擔任本校教課外，不得兼任他職。」

3.「國民教育法」第九條第一項規定：「國民小學及國民中學各置校長一人，綜理校務，應為專任，並採任期制，任期一任為四年。……」

從上述法律規定而言，94年全新修正的「大學法」，一改過去隱晦的規範方式，將「綜理校務，負校務發展之責，對外代表大學；……」等明定其中，顯然對大學校長領導之期待和舊「大學法」大異其趣。

舊「大學法」第六條規定：「大學置校長一人，綜理校務。」和現行「高級中等教育法」及現行「國民教育法」對校長身分地位之規定，都很類似相當籠統，正反兩向解釋都很難適合當前學校教育領導。

任務與責任歸屬的明確化，是教育立法時潮所趨。有鑑於「大學法」的修正，目的在將大學校長與校務會議的職責明確釐清。因此，未來中小學校長之身分地位，有必要更清楚的規範。在國民小學部分，建議修正如下：

1.「國民教育法」第九條（校長及其職掌）

國民小學及國民中學各置校長一人，綜理校務，負學校經營發展之責，為首席教師及行政管理者，對外代表學校；應為專任，並採任期制，在同一學校得連任一次。

2.「國民教育法施行細則」

國民小學校長負責督導教師教學及學校行政管理；並應達成下列事項：

(1) 學校教育活動之監督管理。

(2) 學校設施及事務之監督管理。

(3) 所屬員工服務之監督管理。

(4) 校務工作分配及監督執行。

　　(5) 其他全校事務之督導管理。

(二) 校長要加強專業領導的素養

　　校長在領導績效上，不能單靠「法制單向」的規範以保障校長的「絕對權力」，也不能奢望「所有的組織成員」都一味的「順從領導」。「徒善不足以為政，徒法不能以自行」，這句話在民主開放的社會中，描述有效領導者的必備素質，更為貼切。

　　以目前校長養成制度而言，國中小校長領導素養顯然有待加強。就學校組織性質而言，高中及大學之學科教學日益分流專精，校長不可能成為每一科目的「首席教師兼教學領導者」；校長僅能就個人專精領域發揮楷模作用，其餘就以「德望身分」作為領導的基礎。相對的，國民小學階段的確在學科領域方面「統整性高、專精性淺、龐雜度廣」，也由於小學階段學生不具有成年人之意思能力與判斷能力，因此教師的「教學知識、能力與專業奉獻精神」相當重要。校長有必要「關心教師教學，以身作則並領導教學」。因此在校長培育過程中，對於「首席教師」應有的素養，應完整的具備。

　　就行政管理而言，小學編制過少行政事務甚多由教師兼任；學校行政人員的專精程度顯然也較為不足。校長須具備廣泛的學校行政能力與經驗、始足以因應「行政機關科層體系本位的行政作為」。

　　相對於全社會對小學教師在「教師分級與教學評鑑」的高度期待，校長在學校領導素養也應如同教師專業成長，不斷的加強「教學領導與行政管理」二大體系的能力。就縱貫的垂直經驗而論，更應有「初階校長、中階校長、高階校長」之專業成長區隔，使校長的領導能力能不斷的自我建構與成長。

貳、校長遴選制度

　　「國民教育法」於1999年2月修正條文第九條公布後，國民中小學校長由設立學校之直轄市或各縣（市）組成的校長遴選委員會，從具有校長任用資格的人選中遴選後聘任，並採任期制，最多得連任一次，期滿須參加他校遴選或回任教師。

一、發現問題

　　國民中小學校長遴選，自2000年起實施迄今，各縣市訂有遴選作業相關規定，校長遴選逐漸步入常軌，對教育改革、學校革新和校園民主化產生一定程度的影響。卻也曾出現一些的問題，如引起校園權力鬥爭、形成惡質選舉文化、請託關說、主觀偏好、缺乏人性化措施、校長尊嚴和士氣受到打擊、遴選作業不明確、浮動委員強勢主導等負面效應（吳清山、張素偵，2001；林天祐，2000；林騰蛟，2012；秦夢群，1999）。

　　無疑的，這項制度的更張，是臺灣地區近代國民教育的最顯著的改革。迄今，部分縣市一直處於校長退休潮，大量流失優秀校長；相對的校長甄選人數不足。此種發展趨勢畢竟不是學校教育的利基。

二、分析探討

㈠ 校長遴選制度的設計

　　中小學校長遴選制度完全抄襲自大學校長遴選，歐美國家從未有像我國這種類似「政治選舉」的制度設計，《行政院教改總諮議報告書》主張的「教師治校」的理念，一一在國民中小學校長遴選制度上出現。大學校長遴選也是從1993年所修的「大學法」開始，特別是知識分子本於道德良知，紛紛撰文批判。2005年「大學法」又是一番大修，校長遴

選制度、校長權責息息相關的校務會議、大學校務評鑑及教師評鑑均做重大改革。其中校長遴選制度在子法規中作了三次修正，顯見大學校長的遴選關係國家學術重鎮之固守。

唯獨作為國家教育基礎的國民中小學，校長遴選制度依然在坎坷崎嶇的驚險中沿用迄今。更微妙的是介於大學與國中小校長之間的高中高職校長遴選，在2008年大修「高級中學法」時，僅作概括式的規範，教育部並依據該條之授權，訂定「高級中等學校校長遴選聘任及任期考評辦法」。而影響全國至少3,200所國民中小學的「國民教育法」第九條校長遴選之規定，依然任由各地方政府及教育局處無所依憑自訂規則。

㈡ 校長遴選制度的效應

遴選制度形成的弊端，也是教育現場經營困境的主因。歸納專家學者之意見，我國中小學校長遴選過程中出現下列爭議問題：

1. 一階段與二階段遴選：多元參與與派系角力之紛爭，使政治滲透教育其利弊立見。

2. 固定委員與浮動委員：傾聽心聲與關鍵少數之抉擇，是形成校長遴選的重大障礙。

3. 現任優先與齊一看待：經驗累積與校園倫理之考量，讓校長進階專業的制度成形。

4. 校長回任教職的難題：職涯規劃與教育使命之慎思，使校長尊嚴蕩然的逐良幣文化。

5. 黑函攻訐與查實認定：瞬間旋風與真相大白之兩難。

㈢ 校長遴選形成的文化

1. 校長遴選制度變質，儼然成為地方校長選舉

制度設計讓候選校長必須討好相關團體，因為他們可能有關鍵性的影響力。有些校長對浮動委員，更是極盡討好之能事。

2. 教師擔任浮動委員，身分錯亂，校長如何領導

絕大部分校長尚能接受家長有權遴選校長，因為校長也要為學生受教權負責，而家長是兒童的法定代理人。但是教師擁有該權力，不啻是由自己的員工挑選老闆。

3. 校園權力結構因而重組，顯現爾虞我詐的渾沌狀態

校長都知道4年後再遴選一次，面對家長和教師之強勢，想要積極任事相當艱難，討好妥協反而順利，任期內是否有所作為其實是兩難煎熬。這種生態很難能追求學校經營的順利績效卓越。

4. 模糊教學改革在教育改革的重要，卻讓不適任老師找到保護傘。

這是所謂「聲東擊西、圍魏救趙」，校長幾乎沒有勇氣敢要求教師的服務品質與教學績效，更遑論不適任教師的處理。

5. 遴選制度對校長生涯規劃的影響甚鉅

當校長不再是穩定職位，隨時都要下臺做準備；校長成為弱勢時，最好的自我保護措施就是「拒絕當校長」。試想，在校長甄選或培育的上游階段，就找不到好的人才可供儲備候用，哪來的好校長供人「遴選」？並期盼他有效經營學校？

三、解決對策

(一) 找出校長遴選的關鍵，必須作完備的修法

1. 校長遴選與校長權責困境。
2. 校長遴選制度設計的死角。
3. 優質校長出頭為學生服務。

(二) 校長遴選的配套措施應一併規劃

1. 建立合理評鑑制度，就教育實務做公平而客觀的評鑑。
2. 建立校長進階制度，以符合學校規模與經營最適人選。

3. 實施教師發展系統，使教師有能力治理教學專業事項。

4. 建立教師分級制度，依據教育專業倫理參與校長遴選。

5. 中央建立遴選辦法，掌握學校經營方針提供選才參照。

參、校務會議運作

校務會議法制化的爭執，往往和校長領導有直接的影響。下列各項更是運作上的爭論所在：

一、發現問題

(一) 校務會議是學校最高決策機構？

1. 國中小的校務會議及教評會，都是沿用自於舊「大學法」的體例與精神。「大學法」將校務會議定位為「學校最高決策機構」，並將教師聘任權限充分的由教評會所主導。因此有人認為國中小的校務會議也是「學校最高決策機構」，教評會也當然的是「教師治校」的化身。

不過，新修訂的「大學法」卻將「校務會議為學校最高決策機構」刪除，以釐清校長和校務會議之權責。大學教評會至少分二級或三級（系所、學院、全校三級）；這是無法在國民教育階段落實的，因此將國中小的校務會議訂為「最高決策機構」，顯然引喻失義。

2. 「國民教育法」在1999年修訂之時，有立法委員之提案，將國民中小學校務會議定位為「學校最高決策機構」，但是在審查過程中一直未能說服其他委員，以至於二讀會時就將「學校最高決策機構」字句刪除。換言之，國中小校務會議確定不是「學校最高決策機構」。

3. 校務會議的地位為何？是議決機構？部分議決機構？諮詢機構？輔助機構？

(二) 校務會議任務之內涵為何？校務會議功能是有限或無限？尤其

是「重大章則」概括式規範，如何明確界定以杜爭議，是值得探討的問題。

(三) 校務會議所訂定之學校章則，如果和上位階的法令牴觸或校長認為窒礙難行時，如何處理？誰來解釋？這和校長權責有相當密切的關係。

二、分析深討

㈠ 關於校務會議是學校最高決策機構

從「國民教育法」制定歷程及用語而言，校務會議顯然不是學校最高決策機構。其性質，既然不是最高決策機構，則「諮詢機構、輔助機構、必要程序」其實質意義均同。亦即，和校長權責有明確的區隔。

㈡ 校務會議任務之內涵

有關重要章則之意涵，的確有甚大爭議。在尚未修法明確規範之前，教育主管機關宜作解釋，讓紛爭止息定調。此外，有賴校長發揮優質領導運作，讓學校教師及家長能相互體諒，不做無謂的提案與不適宜的議決。

㈢ 校務會議所定章則位階

在所有的國內法體系中，學校章則位階最低，雖然有些章則是法律直接授權訂定的，但是仍然不能牴觸較上位階之法令。加上前述的「學校章則」不確定概念，校務會議有可能議決出「和上級法令牴觸或窒礙難行」之學校章則。此時，解套方式只有二種：

1. 直轄市或縣市政府所訂定之國中小校務會議辦法中，有相關條文緩衝此種衝突。例如：聲請上級解釋。

2. 校務會議實施辦法中，訂有提案審查機制，以避免牴觸上級法令。但此項審查制度會被誤解為校長的擋箭牌或防火牆，甚至於被批評

是「太上校務會議」。

三、解決對策

1. 權宜措施

對於校務會議實施和校長權責關係上，確實有很多無法釐清之處。建議教育部作暫時性的措施，訂定「國民中小學校務會議參考事項」，將上述四大關鍵問題釐清並訂定參考作法。

2. 修法為根本措施

修訂國民教育法及其施行細則，將前述四項建議明確規範。建議修正如下：

(1)「國民教育法」第十條

國民小學與國民中學設校務會議，議決校務重大事項，由校長召集主持。

校務會議以校長、全體專任教師或教師代表、家長會代表、職工代表組成之。其成員比例由設立學校之各級主管教育行政機關定之。

(2)「國民教育法施行細則」第十二條

本法第十條第一項所定校務重大事項，其內容如下：

一、校務發展計畫。

二、學校各種重要章則。

三、依法令規定應經校務會議議決之事項。

四、校長交議事項。

※修正國民教育法第十條第增訂第三項

「前項全體專任教師或教師代表之比例，應考量學校規模大小，訂定代表制或全員制。」

※修正國民教育法施行細則第十二條，增訂第二項

「前項所稱校務發展計畫，係指依教育政策、學校現況、發展需求

及特色建立，所需要人員、經費、建築、設備、業務等擬定之中長程校務計畫；或需全校參與之專案計畫。所稱學校重要章則，係指與學校發展、學生權益、教學事務、家長參與有直接相關，或其他因應本校實際需求事項，且具長期性、延續性、重大性之業務，有必要明確規範者。所稱依法令規定應經校務會議議決之事項，係指依法律、法規命令或行政規則所明文規定者。所稱校長交議事項，係指校長依權責基於推動重要政策或業務需要，所提出之計畫性業務。」

第七章

問題七：價值崩壞，品格教育能夠治本？

第一節　問題背景

強化品格教育
——坐而言不如起而行

靜宜大學教育研究所終身榮譽教授　黃政傑

壹、品格教育的設科教學

　　中小學教育在理念上一直強調德智體群美五育均衡發展，這看起來是以德領軍，但在升學壓力下，學校師生和家長常只重視智育，甚至簡化智育，把升學考出好成績當作唯一目標，以致全人教育的理想流於形式，健全國民的培養成為空談。此種情形只要有升學壓力存在的一天，就一直難以改善，學校全人教育式微。以德育而言，教育改革一直在加強德育的方向去努力，德育的規劃和實施在獨立設科及融入各科的不同型態中掙扎，只是隨著社會變遷和學術思潮的演變，德育的落實實施實際上是更加困難。

　　國中國小九年一貫課程實施前，中小學教育政策都很重視德育，在正式課程裡設科教學，國小有生活與倫理、國中有公民與道德、高中有公民，三階段連貫起來，再結合傳統道德倫理規範做為中心德目，訂出實踐規條，進行德育的系統化教學。此一型態固有其任務明確之優點，

但也出現不少問題，德育變成特定科目的事，其他的各科教學可能放棄德育之責，學生未能在各個科目學習德行，德育失去了整全性。國小包班制教學還好，中學科任教學使得問題變得嚴重，德育可能成為三不管地帶，或者各科教師要求標準不一，學生無法遵循。設科教學又容易流於灌輸知識，成為教科書的記憶背誦及考試應付，缺乏實踐。在戒嚴時期，德育的科目又常成為思想控制的管道。

貳、由獨立設科而融入各領域／科目

社會開放後，設科教學及中心德目、實踐規條遭到檢討，九年一貫課程綱要揚棄這套教育模式，整合傳統的科目教學為學習領域，道德教育改為融入各領域教學的模式，以社會學習領域為主，並要求其他各領域配合教學，不論是語文、數學、自然與科技、藝術與人文、健康與體育、綜合活動領域，也都有其德育的責任。此時德育由原來的生活與倫理、公民與道德、公民等的思維，逐漸轉化為品格教育或品德教育的思維，在美德的培育外，也重視性格培養和人格發展，像是意志力、自信心、同理心、溫和、親切、關懷、服務等都被視為十分重要。

九年一貫課綱實施過程中，適值社會上道德問題叢生，品德敗壞時有所聞，媒體不時報導，學校的品格教育效果不彰，飽受批評。品格教育融入各領域或科目教學，被批評為等同各領域或科目都著眼於學科知識的教學，不負品格教育的責任，品格教育有落空的危機。此際，教育部在政策上回應以「品德教育促進方案」，自2004年實施由第一期（2004～2008年）、第二期（2009～2013年），進入現今的第三期（2014～2018年）。第三期方案中指出，第一期的推動成果是，品德教育漸得許多學校重視並納入校務發展計畫，或是透過融入課程或活動將品德教育的推動活潑化及生活化。第二期著重品德教育推動的優質化與

永續性，且鼓勵各縣（市）及各校結合學術單位、民間團體、家長團體及媒體資源積極推動品德教育，辦理各級學校種子團隊培訓活動，並依據該方案理念及地方／學校特色與需求，併入調整擬具品德教育方案或計畫，以提升品德教育成效。第三期計畫深化品德教育的推動內涵，鼓勵各縣市、各學校規劃因地制宜的策略，實施過程加強提升有關課程發展、教師教學設計、教學策略以及學習評量的能量，而透過活動性課程的實施深化學生的體驗、探索、反省與內化。該方案雖然推動10年以上，到底只是諸多教育方案的一環，其成效如何，尚待深入檢討。

　　2014學年起，十二年國民基本教育開始推動，教育部在配合十二年國教的第一波課綱修訂之後，進行十二年國教新課綱研修，在過程中品格教育受到很多關注，期間亦有恢復獨立設科的主張出現，惟新課綱研修仍維持品格教育融入各領域或科目教學的型態，除了已由社會領域教學負起品格教育的重責大任，其他各領域或科目，亦應肩負起責任。面對社會變遷及中小學德育推展經驗，如何有效強化品格教育，顯然是極為重要的議題。

　　學校德育的規劃和實施，不純然是單獨設科及融入各科（或領域）那麼單純。獨立設科時期，國語文、歷史和地理，都被當成德育之重要科目，其他科目也常被賦予德育之責，至於中心德目及實踐規條則分散到學校各週的活動進行教學。當中小學課程切割成零碎科目進行教學的問題受到重視後，把相關科目整合為領域，促進課程的統整性勢在必行，尤其在國中國小教育階段更是如此。傳統的德育包含生活與倫理、公民與道德、公民等科目，與歷史、地理一起被整合為社會，此際德育科目變成社會領域的一部分。而九年一貫課程和十二年國教新課綱，同時強調品格教育須融入社會之外的領域或科目，加上品德教育實施方案及其他相關政策方案的推動，實際上品格教育的推動也是獨立設領域及融入各科和全校性活動之中。品格教育的實施有些關鍵點值得加

以探討。

參、尚待解決的問題

首先需要釐清的是傳統的德育由道德教育演進到品德教育或品格教育，其中的內涵產生了什麼改變，而傳統的德育科目由生活與倫理、公民與道德、公民，演變為社會領域之公民與社會，其中的品格教育或品德教育內涵又產生了什麼變化？其次，品格是什麼，品格及品格教育的重要性為何，有必要再加以澄清。目前社會對學校品格教育普遍有所質疑，認為學校所教的品格與社會需要的品格有所落差，尤其是社會變遷對品格教育內涵的影響有必要重新檢視。品格教育的內涵如何因應社會變遷需求加以調整，新的焦點為何，這是很重要的課題。而產業界提出許多產業員工品格條件的主張，其認為品格對於產業發展是十分重要的因素，但其所認定的重要品格與學校所教導的品格有何差別，其中的差距如何弭平，建立共識，才能讓學校能順利培養產業所需要的品格。這時不免要檢討當前學校品格教育的問題為何，對於學校傳統及現代培育模式深入分析，更重要的是在理論模式之外，應探討這些模式的實際運作情形、教育成效及所遭遇的問題。對於刻正推動的「品德教育促進方案」，其於中小學德育的實施有何幫助，有何問題，也值得討論。

值得注意的是品格教育全部推給學校負責是否妥適。學校推動品格教育，一定要家庭教育配合，更重要的是學生尚未入學時家庭應該負起孩子品格學習的主要責任，而家長是否體認品格的重要性，是否具備品格教育的能力，又有哪些機構或團體可以支持及協助家長去落實其該做的品格教育，確實要有好的配套。至於社會上各個產業及各種媒體，包含新聞、廣播、電視、網路及政府機關、民間團體、公民營機構等，也要檢視自身的品格概念是否合宜，檢討如何與一起肩負品格教育的責

任，讓包含在學學生的每個人，在品格上得以永續學習和發展，是同等重要的。

最後宜注意品格教育的目標和方法。品格教育目標應兼顧認知技能和情意三方面，為何這三方面都重要，而實際上又該怎麼兼顧，都需要再思考以便加以實踐。品格教育常流於知識講解或灌輸，而缺乏分享、體驗與實踐，能知、能行、願行很重要，在教育方法上該如何改變呢？學校各領域或科目教師要把品格融入教學，常遭遇時間不足的問題，且每位教師自選的品格教育融入，如何整合為系統性的品格教育，也是值得注意的問題。品格教育的隨機教學很重要，系統教學和隨機教學如何併行，更需要宏觀思考和具體行動。

第二節　問題診斷與對策

品德須轉型　教育求品質

國立臺灣師範大學公民教育與活動領導學系教授　李琪明

壹、問題分析

「品德／道德／品格教育」[1]在我國強調「五育」（德智體群美）的過往年代，始終位居首位且設置專門科目教授；而今推行最新一波的中小學教育改革，由2014年11月公布的「十二年國民基本教育課程綱要總綱」觀之，其三大面向九大項目中雖將「道德實踐與公民素養」納為核心素養之一，但其重要性顯然大幅褪色。不過，本文關注點並非品德教育形式上的「有／無」或「多／寡」之爭，而是實質內容的「好／壞」與「優／劣」之辨，亦即品德確須轉型與時俱進，且要同步提供高

---

[1] 本文以「品德教育」（character and moral education）稱之，一則其較爲廣義可含括品格（character）與道德（morality）二者的教育；二則自2004年以來我國教育部對此範疇相關政策均以此命名；三則品格與道德的理論基礎及著重點有所不同，故宜採多元典範加以含括；四是品德教育除著重個人品格修養與私領域的倫理關係外，尚包括對於公共領域的道德判斷與行動原則。

品質教育，才能發揮品德教育功效。然而，由世界多國歷史經驗顯示，品德教育常因社會脈絡與政治需求被當成「工具」而濫用誤用，故導致非教育或反教育的負面效果。檢視臺灣品德教育亦然，常造成盲目而行、行而不知、知而不行、知行不一的困境，究其問題癥結可化約為「假、舊、空、淺」四字，茲簡述如次：

一、有些品德教育是「假」的——意識型態或宗教涉入

解嚴後的臺灣教育雖然單一且威權政治意識型態（例如，忠黨愛國）的「洗腦教條」方式漸走入歷史，但新興或多類的意識型態（包括政黨、族群、性別等）仍無可避免地包藏其中。諸如若干社會團體或宗教組織常以品德為名（例如，愛心奉獻與公益勸募），但真正目的為導入其所堅持的意識型態或宗教信仰，甚至從中牟取私利權力，故而衍生偏離本質的虛假品德教育。

二、不少品德教育是「舊」的——嚴重與社會生活脫節

縱然世界日趨複雜且急遽變遷，但我國品德教育似未緊密連結社會脈動加以轉型，且往往忽略多元價值衝突的道德議題。諸如某些號稱品德教育的作為，是以不加理解地背誦某些典籍，或是將尊師敬長的德行予以儀式化，此甚易導致知行不一且徒具形式的偽善現象，因而成為缺乏新意的過時品德教育。

三、諸多品德教育是「空」的——缺乏論述與系統教學

我國品德教育常易被簡化為制式行動（例如，大眾運輸上的「讓座」與遵守交通規則等生活常規），或是限於狹隘表淺的觀點（例如，網路世界的「鄉民正義」等）。然而，對於複雜社會議題的論述與思辨，以及為何與如何行動的深度教導卻鮮少提及，更遑論由高層次認知

連結至情意與行動的系統性教學幾乎闕如，因而易導致空泛無效的品德教育。

四、多數品德教育是「淺」的——沒有厚實的專業探究

品德教育推動甚需教育者的專業提升，遺憾的是臺灣近年來教育改革，不僅品德教育之於我國的社會迫切需求與國際學術趨勢未受重視，相關教育人員（包括各級教育行政人員以及校長與教師等）所須具備的品德教育專業，在其職前、甄選或在職階段均缺乏周全規劃與扎實培訓。因此，我國品德教育的政策或課程教學極易受到扭曲甚或摒棄，或是停留舊思維及教育者自我經驗與信仰，釀成表淺外行的品德教育。

貳、解決對策

針對前述問題剖析，筆者基於多年學術探究與實務經驗，提出若干解決對策：

一、品德教育須強化多元面向且回歸教育本質

當今品德教育面對多元複雜的全球社會，其培養重點須兼重高層次道德思辨能力（包括批判思考、論辯溝通、解決問題等）、蘊含同理與關懷的情意發展，以及具體驗反思與意志勇氣的品德行動等。而且，學校教育須以多元有效的課程教學將品德的「知情意行」予以統整落實，其不僅要消除意識型態灌輸或宗教信仰涉入，亦要避免流於口號記誦或虛應故事。此外，品德教育的實踐與推動須回歸教育本質，將其視為教育核心素養而非外加或可有可無的議題或活動，另對於「社會力」（家長或校外團體）進入校園應有把關機制且定位為夥伴合作關係。再者，在我國學校教育中，亟須將外在結構性的緊箍咒（例如，中小學的考試

第一、升學至上）與內在自我設限（例如，中小學「找不出時間進行品德教育」或是「大學生不需要進行品德教育」等說法）加以解消，以重現品德教育新面貌。

具體策略有二：一是將當前教育改革的課綱與〈教育部品德教育促進方案〉整合，共同揭櫫符合專業性與時代性的品德教育目標、意涵、課程教學與評量等，做為各級學校教育落實與開展品德教育的依準；二是各級學校層級可基於學生需求、地方特點與教育趨勢，將品德教育積極有效地融入各類課程，或是形成特色課程（中小學）與專業／通識課程（大學），再適度且有品質地與家長或民間團體合作，以發揮相加相乘的教育功能。

二、品德教育須展現新內涵且連結社會文化脈絡

品德教育在國際社會快速變遷以及我國自由民主體制下，亟須隨著社會文化脈絡注入新內涵，尤其是正義（包括人權維護、轉型正義等）與關懷（尊重差異、關心弱勢等）核心價值與道德原則，以及若干具有我國特色的德行（例如，孝順）將之隨著時代變遷加以創新轉化。此外，對於諸多新舊社會議題（例如，多元性／別、家庭倫理、族群平權、貧富分配、專業倫理、動物權益、生態永續發展等）甚須加以重視，因其多半涉及價值與價值間的兩難或是多種觀點的彼此不一致，且在社會媒體與網路的推波助瀾下益加複雜。故而，當代教育亟須培養多元視野的品德知能，具備是非善惡的判斷準則亦有尊重包容的彈性，且避免面對爭議性議題時的情緒化敵對或暴力性衝突。

具體策略有二：一是教育機構與社會各界可發展具有創新益智且掌握社會脈動的教育素材或教學媒體，並善用數位科技，使品德教育的教與學更貼近今日師生需求與大眾興趣。二是品德教育面對諸多新舊社會議題，甚須拓廣與加深相關知能與資訊，且與當前教育改革的各類學科

和重大議題加以統整，並強化校園中跨領域教學或學校內外的合作。

三、品德教育須延展為校園文化與公民生活素養

　　品德教育在校園甚須藉由長期且系統性的課程與教學引導，且同時強化非正式課程（例如，社團活動與學生自治等），以及使師生沉浸在蘊含品德教育的文化氛圍（例如，師生互動與環境規劃等）。此外，品德教育是一種終身教育亦是優質化的自由民主生活展現，因而家庭與社會（包含大學、產業、傳播媒體、民間團體、政府機關、政治人物等）均須展現對於品德教育應有的責任，共同形塑優質社會的公民素養，避免自私自利、暴力衝突、疏離冷漠、譁眾取寵、價值偏差等負面潛在課程。

　　具體策略有二：一是學校品德教育勿陷零散隨機也無法速成，而要完整延續且反思精進，並透過親師生長期共同努力以形成優質校園文化。二是廣義品德教育就是公民素養的展現，故須強化當代民主體制、建構具正義與關懷的法規與政策，俾利培養優質公民並得以在各行各業發揮品德效能。

四、品德教育須提升教育者專業知能與探究能力

　　學校品德教育的成敗關鍵為教育人員，其包括各級教育行政機構官員、學校校長與行政人員，以及進行課程與教學的教師。有效的品德教育亟須對於前述教育人員予以賦權增能，使其具備完整、系統且與時俱進的品德教育專業知能及探究能力，避免其對於品德教育的非專業誤導與評價。此外，我國品德教育的研究社群宜予以擴增且合作，並強化其與國際學術團體的正向互動。

　　具體策略有二：一是教育人員在師資培育與公務人員的職前、考試／甄選與在職階段，亟須規劃系統且周全的品德教育專業培養，以利其

在各個崗位上得以正用與善用。二是政府相關部門宜鼓勵與資助品德教育的研究，將其研究成果與校園或產業結合，並藉此與國際學術社群接軌，以展現品德教育的專業特點與時代功能。

強化品格教育，打造「有品臺灣」

靜宜大學教育研究所教授　王金國

壹、前言

在全球化、地球村的今天，任一國家國民品格[2]的好壞，不只會影響其本人、該國社會，也會影響他國對此國的印象與評價。對個人來說，擁有好品格，能讓人信任與尊重。對社會來說，國民擁有好品格，此社會會更祥和、更友善。對國家來說，國民擁有好品格，會讓其他國家更信任。

從教育的目標來說，培養國民具備好品格是一項極重要的目標。相對於很多國家來說，臺灣雖然是很友善的國家，然而，經常出現的詐騙事件、黑心食品、負面的新聞消息，讓住在臺灣的人在與人互動時，難免會多一份提防的心，也會讓外國人因此對臺灣的評價降低。

---

[2] 品格與品德兩個名詞，學者用法不一，也常被交互使用。筆者認為原因之一是學者對英文character education一詞有不同轉譯的結果。部分學者（如：黃德祥、謝龍卿，2004）將character譯為品格，也有學者（如李琪明，2007a；陳淑美，1999）將之翻成品德。不過，我國政府之官方文件均以品德教育為稱之。由於本文參閱了不同文獻，基於對原作者之尊重，筆者保留其原用語。因此，文中將同時出現品德教育及品格教育之名詞，筆者將它視為同義。

「好品格」的重要性無人否定，協助學生或孩子具備好品格應是教育行政機關、各級學校及所有家長的共識。教育部為了積極推動品德教育，於民國93年頒布「品德教育促進方案」，至今（2017）年已推行超過13年。品德教育促進方案的推動，讓各級學校更加重視品德教育，並舉辦了許多相應的活動。另外，此方案推動以後，相關的研究與著作也如雨後春筍般地發表。關於品格教育的問題，相關文獻分析已不少，另外，品格教育的策略與作法已很多。筆者認為關於品格教育，我們缺的不是理論與策略，缺的是整體社會對「品格為先」的實質重視，以及「起而行而非坐而言」的具體行動。

貳、當前品格教育之現況與問題探討

品格教育並無統一定義。筆者認為所有協助學生培養良善特質與德性的活動，均是品格教育（王金國，2009）。廣義來說，孩子所接觸到的一些活動或經驗均是品格教育的一部分。狹義來說，品格教育是家庭、學校或社會特別為培養孩子或學生好品格的活動或作為。

一、當前品格教育之現況

當前臺灣的品格教育可分為教育行政機關推動的品德教育及民間機構兩部分。前者主要以教育部「品德教育促進方案」為主，各縣市政府教育局處及各級學校均依此方案推展品德教育。後者則包括許許多多不同的民間團體，例如，宏達文教基金會、臺灣藍鵲文教發展協會、千代文教基金會……等。

就國民中小學來說，九年一貫課程實施後，「品格教育」即未單獨設「課」，品德教育已融入各學習領域或在非正式課程進行。劉秀嫚、李琪明、陳延興、方志華（2015）研究發現，品德教育在各教育階段採

多元但隨機方式實施，在個人品德修養與團體規範的教育成效尚佳，但較缺公民意識與道德思辨能力的養成。

2004年訂頒「品德教育促進方案」後，各國民中小學都會辦理教師研習，充實教師品德教育之專業知能，同時，也會辦理品德教育相關活動。部分推行有成效或有特色的學校還因此獲選為「品德教育績優學校」或「品德教育特色學校」。另外，學生品格的培養幾乎都是各校或各班對外宣示的重要目標。

二、當前品格教育之問題探討

雖然教育部、各級縣市政府教育局處與學校積極推動品德教育，同時，也有很多民間機構參與推動，但國人的品格表現仍未臻理想，主因是影響一個人品格表現的因素相當多，學校教育只是其中之一。基本上，品格是個體在其所處環境及文化中模仿學習、潛移默化而來的，家庭、學校及社會都會影響孩子品格的培養。其中，家庭與社會對孩子品格的影響力可能更勝於學校。

㈠家庭品格教育的問題

父母（或主要照顧者）是影響孩子品格及價值觀最初也是最重要的人。倘若父母本身價值觀偏差，其子女即可能在其言教與身教的影響下，形成偏差的價值觀。另外，部分家長因不清楚正確的教養方法，以至於對子女溺愛、錯愛、不在乎或不關心，錯過品格教育的黃金時期。黃政傑（2008）指出許多家長對孩子過於溺愛，任由孩子「自由發展」，對於不適當的行為表現未予以制止或指導，待孩子習以為常，行為模式固定後，即不易改變。

㈡社會品格教育的問題

一個人的價值觀深受其所處環境的影響，無論從A. Bandura觀察學

習理論或是L. Vygotsky的認知發展論來看，個人的行為與價值觀會受到直接經驗與替代經驗的影響。當前，多數媒體以收視率（或閱讀率）做為其節目或報導的主軸，電視、網路或平面媒體的新聞或節目充斥著各式各樣有礙兒童品格的負面素材。另外，在兒童實際的生活中，其所接觸的人事物也都會直接或間接影響其品格發展。很多成人沒有意會到這點，常在無意或無形中，對自己或別人的孩子做出負面的示範。

㈢ 學校品格教育的問題

相對於家庭與社會，學校是較能系統化推動品格教育的場域。不過，學校品格教育仍存有許多問題。例如：整個升學制度中，主要還是採計學生在學科的表現，無形中形成「重智輕德」的潛在文化。在學校的正式課程或非正式課程中，品格教育所占的時數遠低於智育，很多學校或家長仍以學生升學榜單來展示或判斷辦學績效。其次，因為品格教育沒有單獨設課，品格教育不像其他學習領域有專屬的教材，課程橫向與縱向結構鬆散。再者，品格教育常是內容取向的教學方式，學生聽了很多，若欠缺實際體驗並輔以省思與討論，較不易將核心價值內化，因而會出現「知與行不一」的現象。此外，有些學校雖然舉辦了品格教育的活動，活動很熱鬧，但品質卻不見得精緻，也影響了活動效果。

品格教育的推動，不能只侷限於學校，必須把家庭教育及社會教育同時考量，畢竟孩子接觸的經驗與訊息，並不限於學校。相對地，品格教育的問題也自然包括來自家庭、社會或學校的問題。

參、對當前品格教育的建議

培養孩子好的品格，家庭、社會、學校都有責任。要做好品格教育，必然要家庭、社會及學校各司其職、各盡其責，並相互合作。以

下，筆者擬針對家庭、社會及學校品格教育提出建議：

一、對家庭品格教育的建議

父母（或主要照顧者）應進修有關「教養」之基本知能，進而重視兒童品格教育並具有正確的教養方法，以免錯愛、溺愛、不在乎或不關心其子女。對此，筆者建議政府應強制家長參加此類進修活動，至於進修方式，可由政府單位製作線上課程、與各級學校合作，在校園內辦理實體課程，並在學校內設有諮詢處，讓家長方便進修或諮詢。

二、對社會品格教育的建議

整個社會環境的營造，政府負有很大的責任。在品格教育上，政府首先應建立以「有品臺灣」為形象或品牌的目標，期許全國上下共同努力。其次，可藉由法令的制定或道德勸說，要求或鼓勵媒體多製作或報導正向的訊息，同時，也宜要求或鼓勵所有成人能成為兒童正向學習的楷模（身教），讓兒童可以在友善環境與正向楷模中學習及培養好品格。另外，政府可製播品格教育的宣導短片或情境標語，讓國民可以如同「反詐騙、性別平等或家暴防治專線」一樣朗朗上口。另外，也應在網路或媒體多傳送正向訊息，持續喚起或提醒民眾對品格的重視並發揮見賢思齊之效。

三、對學校品格教育的建議

有關於「重智輕德」的現象不單單是學校的因素，而是整體社會的價值觀反應而來的。對此，學校宜引領家長及社會調整此價值觀，讓「品格為先」的概念實質深植於社會各角落。在教育目標上，不能只是「口號式」將德育置於五育之首，而是「實質」將其排在第一順位。在課程與教學上，學校要增加體驗取向的品格教育，強化情意層面，也要

重視公民意識及道德思辨能力之養成，以期讓學生能由內而外地展現良好的品格特質與行動。另外，在推展品格教育相關活動時，要力求精緻，重視品質。學校也要多與家庭或民間機構合作，或納入外部資源，以期獲得更佳的施行效果。

肆、結語：坐而言不如起而行

品格的重要性無庸置疑，有關品格教育的相關文獻已多，從品格教育的意義、內涵、推行策略與原則、課程設計與教學方法、甚至是問題分析與解決策略，都已有相關著作與論述。基本上，影響品格形成的因素很多。當前在家庭、學校及社會品格教育上也都存有若干問題，本文試圖探討相關原因，並提出相應的解決建議。

另外，針對品格教育，筆者認為我們缺的不是理論與策略，缺的是整體社會對「品格為先」的實質重視，以及「起而行而非坐而言」的具體行動。期許家庭、學校及社會各司其職、各盡其責，並相互合作。

身為教師或成人的我們，馬上能做的即是：從自己做起，讓自己成為學生或孩子的品格楷模（身教）。當每個人均能由內而外發自內心重視「好品格」並實踐在日常生活中時，「有品臺灣」的形象與品牌必然逐漸形成。

品格教育改革芻議

林口康橋國際學校校長　張祝芬

壹、問題分析：學校常成為國民品格欠佳的代罪羔羊

有關「品格教育」，據黃德祥（2004）所言，其以為品格教育是經由教育來增進學生良好的個人特質，使其能知善、愛善、樂善，表現出良好的行為，且能內化成習性的歷程，李琪明（2007b）亦云，品德教育是期望培養學生，具有知善（認知）、好善（情感）與行善（行動）等多元知能，兼重道德推理思辨歷程與德行表現，以形塑優質個人與理想社群。由此可知，其內涵包含道德認知、情感、意志與行為等多重面向，展現在教育中，亦可謂一種引導學習者朝向知善、樂善與行善的歷程與結果。

根據「教育基本法」第二條：「教育之目的，以培養人民健全人格、民主素養、法治觀念、人文涵養、愛國教育、鄉土情懷、資訊知能、強健體魄及思考、判斷與創造能力，並促進其對基本人權之尊重、生態環境之保護及對不同國家、族群、性別、宗教、文化之瞭解與關懷，使其成為具有國家意識與國際視野之現代化國民。為實現前項教育目的，國家、教育機構、教師、父母應負協助之責任。」「品格」展現的成果，很難直接去歸因於學校或家庭的單一因素，其相互影響的因素

繁多且複雜，曾燦燈於民視訪談[3]中亦言：「一個孩子的品格是潛藏於家庭、成長於學校、惡化於社會，三者相互關聯。」由此可知，品格表現是多因素影響的結果，絕非「學校沒教好」單一歸因。

惜如今社會上普遍認為學生品格不佳是「學校」沒做好教育的工作，但筆者長年身處教育第一線，發現在學校中，無論校長或老師其實都是戰戰兢兢、傾全力在教育學生。高中目前雖無特別規劃品德科目，但教育部其實在2004年已訂頒「品德教育促進方案」，迄今不斷修訂，與時並進，目前已推行至第三期計畫（2014至2018年），制定創新品德教育6E教學方法及成效評量，期望深化品德教育之推動，並鼓勵各縣市、各學校規劃因地制宜的策略。而在實施過程方面，則加強提升有關課程發展、教師教學設計、教學策略以及學習評量的能量，期望透過活動性課程的實施，深化學生的體驗、探索、反省與內化，目的為使品德教育由學校教育正向擴展到家庭教育與社會教育，以孕育國民具備有品德、富教養、重感恩、懂法治、尊人權之現代公民素養，由此可知教育界對品格教育之重視。

貳、解決對策

一、品格教育源遠流長，家庭、學校、社會三者應齊心協力，價值一致

品格教育非近代才發展之學問，早在先秦時代即備受學者重視，孔子所提倡之「仁」學，實乃「二人之學」，亦即人與人之間相處的原則，體現在與群體的互動、對待上，「仁」出自於內在，是一種自覺，

3　見2016年9月11日，民視「公義臺灣 優質教育」第10集。

如能持續修養、實踐，即能在日常生活中映現人之良善價值，無論是「其為人也孝弟」、「克己復禮」、「非禮勿視、聽、言、動」、「己欲立而立人，己欲達而達人」、「己所不欲，勿施於人」⋯⋯等，均在在揭示如何透過教育來培養一個富有品格的「君子」。

我們從中可發現，孔子列舉之條目均由「己身」出發，亦即所有的品格教育，都需由本人之內在自覺發展方有效果，故教育之重要性亦在此展現，荀子言：「人之性惡，其善者偽也。」「偽」指的是「人為」，也就是「後天的教育」，教育能建立人格、使人導向善的可能，其對「品格養成」極具重要性與必然性。

人所受教育的第一個地方為家庭，志學之後為學校，長成後則進入社會不斷學習，此三處可說是人一生中必經之場域，只要家庭、學校、社會三處均給予支持，並營造良好的品格教育環境，相信在品格力之培養上，定能有所成。

二、自律乃自我控制之學習，為品格教育奠基

品格教育之養成亦牽涉到人是否能「自律」，著名哲學家康德主張人因為自律而能自由，因為自由而能自律，自由存在於紀律之中，當社會中人人能做到自律，自然而然就能尊重他人，進而自我實現、社會風氣良善。筆者常於各公開場合與師生分享：學生自律會帶來更多自由；老師自律則帶來更多敬重。尤其我們發現，各領域的頂尖者都是自律的高手，非僅僅一時的努力而已，而是日復一日絕對落實精進行動，例如，奧運史上游泳金牌最多紀錄保持人飛魚Phelps就是絕佳代表，他每天泡在水裡的時間、游的公里數⋯⋯等自律行為，才是稱霸奧運的關鍵，而他給後輩運動員的成功忠告便是「Rule yourself！」故可知人若能做到自律、自我控制，便能成功。

三、品格教育有賴營造氛圍及價值標示

　　一直以來，學校都是在教「正向」的品格教育，無論在正式課程、非正式課程、潛在課程等面向[4]，均努力營造正面能量，高中雖無專門之品格教師，但品格教育均融入於各科教學、導師班級經營及生活教育，學校舉辦之各活動中。身為一校之長，筆者也必在各公開場合，隨機、有意識的帶入品格教育並強調意義，欣慰的是，學生對學校之期許，亦能琅琅上口，進而實踐，由此可見學校對品格之看重。

　　品格教育是一種氛圍，更是全校價值的標示，落實於生活實踐上，定能經過重重試煉，金槍不倒。以筆者在中學多年之經驗發現，在教育現場中其實是「學生好教、大人難教」。人難免犯錯，學生若犯錯，只要我們循循善誘、曉以大義，大都能導之為善，反而是「大人」們難以教育，如果沒有學校教育做品格教育的中流砥柱，恐怕狀況會更糟，故可知，家庭、學校、社會如能標準一致、目標一致，學生才能有好的品格展現。

參、結語

　　教育部（2014）在「品德教育促進方案」中制定創新品德教育6E教學方法及成效評量，包含：

1. 典範學習（Example），
2. 啟發思辨（Explanation），
3. 勸勉激勵（Exhortation），
4. 環境形塑（Environment），

4　正式課程為各學科或領域教學；非正式課程為班會、學生自治組織等；潛在課程則為友善校園等境教。

5. 體驗反思（Experience），

6. 正向期許（Expectation）。

　　其旨在鼓勵教師、學校、家長、社會形塑良好環境，使孩子能透過標竿學習，發揮潛移默化效果，不斷追求成長。故可知品格力之培養乃一全民運動，眾人均需戮力以赴，從己身出發，萌芽於家庭、茁壯於學校、繁蔭於社會，如此方為治本之法。

第八章

問題八：校安危機，如何讓孩子無憂無懼上學去？

第一節　問題背景

安全的校園是學校教育的基礎

國立臺灣師範大學教育學系教授　周愚文

　　各種教育理想要在學校中落實，前提是必須先有一個安全而友善的校園，讓老師與學生都能安心處身其中。而讓學生能夠平平安安上學受教，放學後平平安安回家，更一直是全體家長的希望與要求。但近年臺灣多起校園安全事件，引發了各界的憂慮與恐慌，認為我國校園安全維護特別是中小學階段，亟待改進。

　　教育部為維護校園安全，自民國84年起即編訂《教育部中小學校園安全管理手冊》，以為各校管理的依據。該手冊仍數度修訂更新，依其規定，校園安全管理的內容範圍，包括一般建築及教學設備安全管理，及教學與校園生活安全管理兩大類，前者又分為：(一) 校園建築管理，(二) 消防安全管理，(三) 水電設備管理，(四) 天然災害管理，(五) 運動及遊戲器材管理，(六) 教學設備管理等六類。而後者又分為：(一) 一般教學安全管理，(二) 實驗安全管理，(三) 游泳安全管理，(四) 校外教學安全管理，(五) 嬉戲及運動安全管理，(六) 交通安全管理，(七) 飲食衛生安全管理，(八) 校園公共衛生安全管理，(九) 校園性侵害或性騷擾防治，(十) 校園暴力、霸凌及藥物濫用防治，(十一) 校園門禁安全管理等十一類。其中交通安全、食品衛生安全、校園霸凌、暴力及藥物濫用與

校園門禁安全等近年來最受到各界關注。對此，政府雖已訂定中小學校園安全維護措施、作業手冊及通報機制，但是維安範圍廣、內容多達十七項，而各校人力、經費有限，不時有校安事件發生，引發家長恐慌及社會關注。

首先，就校園門禁安全的管理而言，民國80年以後在開放教育理念下，校園空間開放成為重點之一，無論是降低圍牆、設計更穿透式的圍籬，甚至無圍牆，成為校園設計的風潮。另外，鑑於學校是公共財及是社區一分子等理念，因此開放校園空間提供社區人士在非上課時間到校園活動，也成為中小學的社區服務功能之一。加上社區大學及樂齡中心的設立，有更多社會人士到校園內進修與活動。以上理念、政策與措施，雖有其正面教育意義，但對校園安全的維護，也帶來了隱憂。加上民國100年以後少子女化趨勢，學生銳減、學園閒置空間增多，各地方政府從經濟與財政角度，紛紛要求校園活化、開放利用，更加重校園門禁安全管理的難度與問題。104年5月臺北市北投文化國小女學童遭吸毒者入侵割喉致死，案件震驚社會。105年3月臺北市內湖女童遭隨機殘忍割頸，此種隨機殺人事件，引發家長惶恐。又近年都會區發生多起校外人士或學生家長闖入校園毆打師生案。原本中小學教師在學生上下學期間，擔任交通安全導護工作，以維護學童安全。但105年3月臺中市教師職業工會拒絕擔任交通導護，向臺中市勞工局申請勞工仲裁，引發學童上下學安全維護問題。

其次，就飲食衛生安全管理而言，目前國中小每日提供學生營養午餐，無論是由中央廚房或是學校自辦，與學生生活及身體健康息息相關。然而民國102年10月先爆發大統長基公司橄欖油不純，且調色混充高級油的食用油油品事件。之後陸續爆發頂新集團味全公司及富味鄉公司生產調合油，103年爆發頂新自越南進口劣質豬油及強冠公司以餿水油充「全統香豬油」等劣質油品事件，造成許多下游食品業者受害，嚴

重危害國民健康，更影響學校營養午餐安全問題。另外，臺灣劣質食材、黑心食品、蔬果農藥殘留、肉品藥物殘留等問題，在在都威脅到學校食品衛生安全的管理及學生身體健康的維護。以上問題根源都非起於學校，但都會對學校師生造成極大威脅與傷害。104年立法規定，學校供應膳食者，禁止使用含基因改造生鮮食材及其初級加工品。

第三，原本毒品及幫派問題主要出現在成人世界，但是隨者臺灣社會的變遷，相關單位卻發現，使用者各類毒品者的年齡層逐漸下降，而青少年犯罪的數字也在提升，不良幫派透過陣頭、毒品或不同方式，吸收中輟生或在校學生加入；更開始透過學生直接侵入校園吸收成員，進而誘使涉世未深的學生吸毒、賭博、擔任詐騙車手或從事其他種種非法犯罪行為。

第二節　問題診斷與對策

健全校園食安管理
維護師生身體健康

新北市立淡水國小退休校長　連進福

　　近年來危害食安事件頻傳，食品安全的維護頻頻亮起紅燈，從三聚氰胺、塑化劑、毒澱粉、毒奶粉到黑心油事件等陸續發生，造成社會大眾一片恐慌，也引起大家對於食品安全的重視，而校園裡面的食品安全更是關係到師生的身體健康，需要大家一起來努力，如何建立良好的管理機制，健全校園食品安全的管理，也成為一個校園安全維護的重要課題。

　　校園食品供應大致有合作社販售的食品、營養午餐、便當等，辦理型態則是有公辦公營，公辦民營，民辦民營，最近這幾年發生的食安事件，對學校都有不小的影響，如何建立良善的校園食品安全管理機制，落實校園食品安全管理，杜絕校園食品問題，為校園食品安全把關，讓學校師生能吃的安心，是很重要的，個人有幾點淺見，提供參考。

壹、縮短產地到餐桌的距離，建立校園食品履歷認識及掌握食材

　　建立校園食品履歷，能夠清楚瞭解食物從生產到餐桌的整個流程，方便監督和稽查，對於校園的食品安全將有很大的保障，近年來已經有許多的知名大賣場在販賣食品的時候，都能夠標示食物的產地和來源，以方便消費者在選擇食品時，清楚瞭解食品的生產和運送流程，期待校園每一份食品也要有屬於自己的食品履歷，每一件校園使用的食材都要清楚標表示他的產地生產及運送流程，這樣的就源管理，有利於校園食品的追蹤，對於食材品質控管會有很大的效益，也讓產地的生產者能自我警覺，自我控管生產流程，提高生產品質，降低危害校園食安的風險。

　　臺灣地處亞熱帶，氣候溫暖潮濕多雨，各種農作物的生產十分茂盛，在地的食材新鮮又好吃，校園食品要多多就地取材，多使用當地當季的食材，降低因為運送產生的風險。新北市政府近年強力推動蔬食日活動，要求轄下學校食用有機蔬菜，並透過吉園圃與在地農家以契作的方式供應有機蔬菜給中小學及幼兒園的午餐使用，如此，既可以穩定農民收益，也能夠掌握食物的來源，減少濫用農藥及不當添加物，保障校園食品的品質，讓學生吃的安心又營養。

貳、建立校園食材登錄機制，有效建立食品流向可追溯制度

　　建立全國性的校園食材登錄機制，由校園食品使用單位每日定期上網登錄使用的各種食材，以建立校園食品來源和流向的可追溯制度，當有危害食品安全問題發生的時候，主管機關可以透過食材登錄機制勾稽

出使用單位，迅速示警，並提供因應對策與處理方式，減少衝擊，最近發生的幾起食安事件，有些是食用油和調味料的原料有問題，透過食材登錄機制，很快可以找到使用的單位，通知如停止使用等適當的應變措施，降低對校園師生身體健康的危害。

　　未來的校園食材登錄系統需要進行跨業整合，要和農業生產單位、食品加工業、團膳業者等結合並且相互流通訊息，也期待民間業者能自發參與，透過跨業整合更能瞭解校園食材從原始生產的產地到餐桌的整個流程，也能針對食材源頭進行管控與監督，適時的示警，減少校園食品危安事件問題的機率。

參、設立校園食品稽查專責機構，強化校園食品危害快速預警機制

　　全國各級學校師生人數眾多，每日校園食品使用量十分龐大，卻沒有校園食品稽查的專責機構，而是由各縣市政府的衛生單位協助進行校園食品稽查，往往受限於人力不足，無法常態性經常性的進行稽查，往往是在食品出了問題，才被動介入稽查的工作，疲於奔命，卻無法防範危險於事前，沒有事前預警的功能。像前一段時間發生的黑心油事件，就是在發現問題後才在各地展開稽查。追蹤食品流向，但是到底有多少黑心油都已經進入消費者的肚子了！嚴重影響食用者的身體健康，所以要設立一個校園食品稽查的專責機構，聘請專業的能力，專責校園食品稽查的工作，提高整體校園食品的安全。

　　為了降低食安危害的擴大，食品稽查專責機構在平時就應該要提高稽查頻率和範圍，以高密度和大範圍的稽查和追蹤，使得摻假、使用非法食品添加物標示不符的食品得以迅速現形，並即可以透過快速預警機制通報各使用單位，適時發布訊息告知社會大眾及學校，採取必要的措

施，適時終止或限定食品的使用，避免食安危機擴大。

　　除了政府的稽查之外，自行辦理的學校和外包的午餐廠商也要建立自我稽查管理的機制，對於食材的來源、篩選和處理，都能夠建立一個標準的處理流程，設計嚴謹的控管機制，緊盯每一個注意的細節，這樣子才可以避免校園食品危害事件的發生。要強制自辦學校及供應廠商建立這樣的機制，自主稽查和自動送驗，積極地掌握所使用的食材情況，並且透過通報系統，當食品發生問題時能立即通報，可以讓使用同樣食材的廠商和學校掌握第一手的訊息，並進行必要的處置，避免食安危害事件的擴大。

　　政府應該要訂定優良廠商的獎勵辦法，對於表現優良的廠商能有實質的獎勵，比如明訂在校園食品的採購案中，具有良好控管的廠家未來能有優先的承攬權利，這樣才能夠鼓勵廠商願意積極的建立自我管理機制，保障校園食品安全。

肆、強化校園食品從業人員專業能力，維護校園食品良好品質

　　現有的校園食品從業人員，不管是自辦公營或者是委外的民營業者，每年要有一定時數食品安全相關的進修和專業訓練，提升校園食品從業人員的專業素養，對於校園食品安全整體水平的提升會有幫助。而這樣的進修機制，需要透過修法制定制度來落實，並且要有強制性來積極落實，提升校園食品現場實際工作人員的食安知識，維護校園食品的安全。

　　因為受限於經費不足和員額控管，現在學校的自立午餐的廚工大都是屬於臨時人員，待遇不理想，工作也沒有保障，影響現場的工作士氣，常造成人員的流動頻繁，影響校園食品安全的控管。我覺得這方面

要特別重視和設法突破，適當增置正式員工，才能有效提升校園食品的品質。另外很多辦理午餐的學校，並沒有營養師的編制，而由校內教職員來設計菜單和控管午餐品質，專業能力不足，影響午餐品質。所以建議辦理午餐的學校，都要有營養師的編制，由專業人員負責來推動食安和控管品質，對於整體品質的提高有很大的助益。

伍、深化校園食品安全教育，培養正確食品安全觀念

隨著資訊的普及、國民所得增加、生活水準提升，各項食品科技急速發展進步，促使食品供應形態多元化，如何正確選擇食材，並且進行烹煮等調理，維護日常飲食安全，是很重要的。培養正確的食品安全觀念，要從教育著手扎根與落實，除了政府加強宣導，也要在各級教育中，將食品安全教育列為教育的課題，透過教育宣導、融入課程、活動辦理等手段，培養學生正確的食品安全的概念，並且推動大手攜小手，由設有相關科系的大專院校到校園協助宣導，讓人人知道食安的重要，進而在實際的生活中實踐，人人重食安，食安自然好。

食農教育的推動也很重要，學校結合在地的產業，提供學生實作的體驗，學習友善關懷土地，認識在地本土的農業產業，及如何以有機栽培的方式進而養成低碳及均衡飲食，重視食安的觀念，在校園食品教育安全教育的推動上，是很好的模式，很值得推廣。

「民以食為天」，校園食品安全關係校園內的師生身體健康乃至於生命安全，需要大家共同關心與重視，要從基本的教育著手，從小培養正確的食品安全觀念，知道並懂得如何保障自己的每天飲食的安全，在制度面上建立食品履歷，清楚食品流向，每天上網登錄食材，方便勾稽與比對，可以快速的因應危害食安的事件，並且增設營養師等專業人

員，積極在現場進行品質控管，設置專責稽查機構，增加稽查的頻率，以杜絕投機的心理，可以讓校園食品的安全更有保障。

　　面對這幾年層出不窮的食安問題，政府機關都只是在事發後疲於奔命的追查與因應，沒有完整與前瞻的因應政策，政府應該要痛下決心從制度面和經費面做全盤性的檢討，建立一個可長可久的校園食品安全管理系統，提升校園食品安全管理的品質，讓家長放心，孩子安心，校園的安全才能獲得確實的保障。

校園反毒、反幫派、反霸凌問題分析與對策

銘傳大學安全管理學系講座教授　蔡德輝

　　學校是「傳道、授業、解惑」之教育場所，但令人憂心的是，近年來校園安全卻亮起了紅燈，不僅屢傳出學生被恐嚇、勒索等情事，校園更在幫派分子滲透下，成為拓展勢力、吸收成員之前哨；此外，毒品入侵校園，少年濫用藥物問題亦迅速蔓延；另值得關注的校園安全問題是校園的霸凌，經常是長期反覆的發生，受凌者忍氣吞聲，不敢上學，造成霸凌者變本加厲，旁觀者的冷漠等，值得針對上述問題加以分析及提出防治對策。

壹、毒品入侵校園之探討

　　目前最新調查，臺灣一年少年犯罪約1萬人，排名順序第一類型竊盜、第二類傷害犯罪，第三類毒品犯罪，警政署曾於2016年7月底護少專案查獲毒品案1,800多件，逮捕成年藥頭203人，少年藥頭73人，其中有36人是學生，學校教育單位曾查獲學生施用或持有毒品約有1,000多人，販賣較吸食或持有更為嚴重，因此應從販賣根源處理。毒品危害防制條例規範毒品共分四級，目前青少年使用的較多是三級毒品，因此反毒教育的加強亦趨重要。

　　青少年藥物濫用之原因可從內憂、外患二層面加以探討：內憂方面可知濫用藥物青少年之人格特質，較為內向、易衝動、意志力薄弱、自我封閉、常有孤獨感。而從認知扭曲之理論，可知這些青少年的認知扭曲及偏差行為之思考模式：一、常自我安慰，認為很多青少年均在濫用藥物，不是只有我在犯；二、會運用藥物濫用來減弱促其不濫用之保護因子；三、抱持樂觀態度，不會那麼衰被抓到；四、會找很多理由合理化其濫用藥物；五、青少年追求即時享樂的價值觀而沒有想到未來。而外患方面，大部分調查得知青少年受好奇心之驅使以及不良同儕之影響；而青少年也遭受外在挫折壓力之負面影響。

　　青少年濫用藥物之防治對策如下：

　　一、輔導青少年以前想從不良同儕獲得支持及榮譽心、成就感，轉向到交往益友同儕學習務實正向積極的態度。

　　二、瞭解毒品的負面影響，非常可怕，認知「一日吸毒，終身戒毒；拉K一時，包尿布一世；拒絕毒品、健康一生」，不要因一時好奇心而去嘗試。

　　三、家長要注意孩子的交友及作息，防微杜漸，避免子女遭受毒品危害。

　　四、社區應運用社區相關資源，成為防毒之重點，讓社區民眾瞭解毒品的危害，積極共同參與反毒、防毒、拒毒之行列。

　　五、K他命相關毒品大都從大陸走私進來，政府相關單位應加強兩岸合作，共同打擊犯罪，阻絕毒品於境外，從源頭緝毒做起。

　　六、最近坊間出現很多新興毒品，加以偽裝成奶茶包、咖啡包、梅子粉、果凍，還有管制藥品的不當使用亦值得注意。

貳、反幫派問題之探討

一、幫派入侵校園之原因

中正大學曾進行研究找169位幫派少年訪查，其中有128位是中輟生，因此中輟生成為幫派成員可能性大，參加幫派再從事犯罪行為可能性高，其是不定時炸彈。根據研究青少年為何參加幫派，平常在校成績不佳、班上不受重視、但在幫派團體得到靠山、保護，提早進入成人世界、追求刺激，又可賺錢，形成「此處不留人，自有留人處」的情形。同時從幫派角度來看，幫派為何入侵校園，因為入侵吸收學生犯罪，刑罰較輕，且花的成本低，學生又較不會計較行為的後果，比較英勇、忠誠、盡忠，另外幫派有斷層要培養下一代。

二、防制幫派入侵校園之作法

(一) 高風險家庭、中輟生，家庭教育也很重要，以前經常說少年的問題根源於家庭，顯現於學校，惡化於社會，因此高風險家庭應介入關懷。很多青少年會加入幫派之原因是家庭結構與功能失調之結果，因此建議加強親職教育，健全家庭功能，避免青少年為幫派所吸引。

(二) 中輟生不喜歡讀書，教育單位要將其找回，但其實若其不能適應，一個回來校園又帶兩個孩子出去，國家應給予其選替性教育（Alternative education），給予其不同的興趣發展，使其有另一條出路，培養體育、音樂、藝術、烹飪的素養，如蕭敬騰、周杰倫、吳寶春等人才，而不是永遠是充滿挫折學習壓力的過程。

(三) 學校老師要單獨處理校園幫派的問題，有時無能為力，可組織起來，共同合作，結合當地少年警察隊、婦幼警察隊、少輔會共同防制處理幫派問題。

(四) 可學習美國區域性防制計畫，結合社區資源，家長、民間團體、警察、學校共同處理幫派之問題。

(五) 個人曾研究少年警察隊之功能不在偵破犯罪，而應積極協助學校推展犯罪預防，必要時可提升警力，快速打擊部隊，鎮壓防制幫派在校園之入侵發展。

(六) 家長、學校與少年警察隊加強聯繫協助青少年脫離幫派，因為幫派少年認為要脫離幫派很困難，因此要提供保護及相關配套措施，促進脫離幫派，步入正軌穩定求學或就業發展。

參、反霸凌問題之探討

一、霸凌嚴重性及其原因

(一) 霸凌類型包括言語霸凌、關係霸凌、網路霸凌、肢體霸凌及性霸凌。警察大學曾進行新北市調查82個公私立國中抽了9個學校527人，近八成有霸凌或被霸凌的經驗，大都是語言或關係霸凌（鄧煌發、陳建軍，2015）。霸凌議題中包括霸凌者、被霸凌者及旁觀者。而其中旁觀者亦扮演霸凌關係中重要角色，因研究發現在霸凌的現場通常約有4個旁觀者，若旁觀者起鬨助勢或消極冷漠因應，將使後果更嚴重，因此呼籲學校在學生教育中應教導學生不能起鬨、積極面對，適時告知師長。此外，美國最近發現校園暴力犯罪者過往許多是被霸凌者，因此不能忽略霸凌議題。

(二) 研究發現校園霸凌之問題，經常是長期且反覆發生而造成慢性的霸凌行為，很多受凌者學生默不吭聲、消極面對，或因為旁觀者冷漠，造成霸凌者變本加厲，而造成受凌者不敢上學，想要報復，甚至企圖自殘的痛苦或身心傷害。

二、防制校園霸凌之對策

建議家長及學校應加強管教及監控措施，以收防微杜漸校園霸凌事件。

(一) 根據警大研究調查，來自家庭氣氛不佳以及破碎家庭的國中生、學業成績較差的學生，霸凌及受霸凌的經驗較多。

(二) 對結構功能殘缺家庭的國中生施予實質的啟迪、協助，尤其家庭經常有吵架或破碎家庭的學生，應強化學校與家庭連結合作，教導學生遠離惡友、結交益友之同儕關係。

(三) 加強輔導學業成績不佳的學生，學習如何學習正確的方法與態度，激發其對課程學習之興趣。

(四) 學校對輕度的霸凌事件，避免過度反應，激化該事件，無須以過度、激化方式處理，但對於較嚴重的事件，則應找出霸凌者、受凌者，積極協助輔導。

(五) 教導旁觀者不要旁觀、起鬨、戲謔與報復的負向因應行為。

(六) 營造學校成為有愛的友善校園。

肆、結語

一、學校應積極推展三級犯罪預防措施：

校園犯罪預防乍聽而言似乎是抽象的，但實際上是具體可操作並可見成效的，例如，在校園中7歲以上學生即可進行犯罪預防，提供家長親職教育、學生品格教育及法治教育，針對初次輕微觸法的學生予以協助輔導，便能降低校園犯罪的發生。

二、個人從1978年迄今，每談及犯罪預防，常用公共衛生預防流行疾病之模式，應用至犯罪預防三級模式（蔡德輝、楊士隆，2013）。

(一) 公共衛生一級預防流行疾病就是加強清理水溝、垃圾、汙水處理來預防蒼蠅、蚊蟲媒介傳染流行疾病；而一級犯罪預防就是要加強親職教育、法治教育、品德教育，並強化校園安全環境設計預防犯罪。

(二) 公共衛生二級預防就是針對那些容易生病的人，及早鑑定、及早預防之治療；而應用於犯罪二級預防，就是針對中輟生及高危險邊緣的學生，及早輔導並推展選替性教育，讓這些學生學習一技之長，有信心及成就感，回歸正軌。

(三) 公共衛生第三級預防就是針對生病的人，儘早治療使其病癒，不要併發症、惡化，能夠康復；而犯罪三級預防之應用，即對那些曾犯罪的學生，不要放棄，加強輔導，促其不要再犯。

綜而言之，防治少年犯罪必須秉持「預防勝於治療」，而且要從國小階段做起，期盼上述這些防治措施，能有助於少年犯罪之防治，使校園更為安全，成為友善校園。

校園反毒問題與對策

臺北市立幸安國小校長　陳順和

壹、問題分析

　　校園安全經緯萬端，以毒品入侵校園問題最受國人矚目，校園學生染毒問題肇因於家庭，潛伏於學校，惡化於社會。毒品入侵校園問題有多嚴重？2007年教育部統計通報藥物濫用的學生有294人，之後連續5年成長，2012年達到史上最高的2,432人，近年數字略降，但專家質疑這數字被低估至少10倍。總之，潛在「黑數」有如冰山一角，不容小覷。

　　另根據「103年全國物質使用調查結果報告」，全國12～17歲的毒品盛行率0.52%，推測全臺灣約有9,270名少年染毒。而國家衛生研究院2014年的調查，臺灣地區12至17歲未成年族群首次使用非法藥物的平均年齡為14.8歲，染毒者年紀最輕的是高年級小學生，向下漫延問題須高度警惕。另首次使用毒品地點在「學校」的人有18.3%。國立中正大學犯罪研究中心主任楊士隆教授所率領的研究團隊在2015年的調查，同樣凸顯毒品侵入校園的嚴重性；其研究團隊針對新北、臺中、高雄等市計2千多名學生抽樣，發現有1.3%的在校生用過毒品。

　　為什麼安全的校園學生會受毒品汙染？為何專家認為校園染毒學生數字被低估？又學校在協助染毒的學生回到正常軌道時，遭遇到甚麼樣的困境呢？如何才能把毒品趕出校園？如何處理才能有效幫助染毒學生

脫離毒品，下列關鍵問題值得深入探析：

一、支持網路不足且系統略顯紊亂

　　要讓學生遠離毒品不能只靠宣導與輔導，還要有高效整合的支持系統而不是挺住讓染毒的學生事情延宕爆發而已矣。例如：目前政府主管機關持續投入人力與物力資源，但各部門多頭馬車，就連地方政府所建置的毒品防治中心都一國兩制，分為衛政與社政；中央更是分成了法務部、衛福部、教育部、警政署四大單位來防制毒品。因此，政府反毒單位之整合，提出整體性的反毒計畫，有其必要性。

二、毒品使用者年齡者下降

　　可能與新興毒品善於偽裝有關。警方發現，新興毒品常包裝成小熊軟糖、檸檬片、咖啡包，降低學生戒心。中正大學犯罪防治學系楊士隆研究發現：有超過二成的吸毒少年曾用過新興毒品，僅次於占逾四成的K他命，由此可見百變的新興毒品，絕對是校園反毒的首要目標。其次，部分學生在校適應不良，無心課業，結交損友，好奇受誘初嚐一下毒品以致沉淪一生之案例時有所聞。

三、學生染毒數字被低估

　　面對問題是解決問題的第一步，學校與家長真正坦承面對孩子染毒問題嗎？臺灣成癮科學會理事林滄耀、中正大學犯罪防治學系特聘教授兼犯罪研究中心主任楊士隆都認為，與校園通報方式有關。學校最大的問題是心態保守，發現學生吸毒，都會先在校內輔導解決，嚴重者才會通報曝光。林滄耀說：年輕人初接觸毒品常見K他命、安非他命，如果不是在吸食的兩天之內驗尿，根本驗不出來有使用這些毒品。校園通常必須掌握明確事證，才會進一步通報，也因此導致吸毒人數被低估。為

此，在校園內高危險學生要不要強制驗尿？贊成與反對各有見地值得討論。

此外，校園反毒要奏功，家庭支持是關鍵，但令人驚訝的是校園反毒的阻力常來自家長，原因出在家長「不願孩子被懷疑」的心態，特別是對上法院恐被「貼標籤」有莫名的不安與恐懼，這些都是校園學生染毒問題無法解決的間接原因。

四、染毒學生是「病人」還是「犯人」

若認定學生吸毒者是犯人，自然優先運用司法方式舉發判處。若否，則教育輔導優先。個人認為前述的優先順序，深深影響學校與家長的通報態度。教育行政與司法單位雖不針對個案表示意見，但應有一通則，讓校園染毒學生處理時相關利害關係人，有可預測的模式以利安心放膽採取必要的作為。

五、校園專輔人力不足

目前校園有完整反毒通報流程，但高中職以下校內輔導人員配置，據「學生輔導法」規定，班級數達55班以上，至少設置專業輔導人員一人。然而據教育部2015年統計，全臺僅約二成國中，符合法規中強制設置專業輔導人員的條件。其餘國中因未達輔導人員設置標準，在青少年需要幫助時，可能面臨無專業心理諮詢師、從旁協助的困境。

貳、解決對策

毒品氾濫校園是國安問題，反毒是全民戰爭，校園反毒需要各方面的整合與協力，以克竟全功，建議主要策略如下：

一、政府整合相關單位計畫、資訊與資源

校園反毒不是教育部、學校、司法、社政單位各做各的事，而是一條龍資源整合，再各司其職分進合擊。為此，蔡總統英文幾次宣示政府打擊毒品是「零容忍」，反毒是新政府的重要施政之一，在主管部門分為衛政與社政，中央更是分成了法務部、衛福部、教育部、警政署四大單位以防制毒品客觀現實下，在中央建議由行政院整合提出整體性的反毒計畫，或任務編組跨部會專責小組以求事權窗口統一；在地方就由毒防中心統合調度，防止毒品入侵校園。又如，反毒到校宣導計畫，建議以教育部或地方教育局為統一窗口，不要各部會各自發文，要學校被動配合，造成宣導資源過多或不足的干擾。再如，各學程學生涉毒資訊及輔導資料串流問題，建議由教育部主導統合各縣市公私立小學到大學資料庫，以利各學程學校對染毒學生追蹤協助。例如，內湖小燈泡、北部某國小學童在校園被害，或鄭捷隨機殺人事件等特殊個案，若有染毒及輔導資料之整合，或許就有事先預防防治之機。

二、拒毒從幼兒園扎根

提早介入預防是校園反毒關鍵策略之一，根據國外研究，若是在學習階段接觸毒品，未來會有三分之一學生成癮，建議提早介入預防。拒絕毒品進入校園可以從幼兒園及小學做起、對象包括家長。個人認為這時期的家長最關心教育，參與學校活動機會高，最有機會將反毒教育延伸至家庭，因此建議相關單位投入更多資源，從幼兒園及家長等源頭耕耘，設計多元活潑有感宣導識毒不碰毒，他人給予來路不明任何物品絕對不吃不吸不注射等態度與行為。另筆者觀察，以大專及高中職生為班底，以才藝表演融入在中小學進行反毒宣導，很吸睛效果不錯，值得繼續在校園中推廣。

三、充實學校輔導人力

若根據「學生輔導法」規定，全臺僅約二成國中，符合法規中強制設置專業輔導人員的條件。可以合理推測此規定與現實脫節。若因財政困難，則建議以多校共聘的方式，增加學校專輔人員員額，以解燃眉之急。

四、強化連結社工體系以協助校園反毒

要根本性的解決染毒學生的生活環境、習慣與經濟問題，有賴更強力的社會支持網絡，特別是社工整合戒毒者需要，長期關懷協助才是釜底抽薪根本解決之道。以香港經驗為例：香港社工體系發展40餘年，由2萬1千名註冊社工扛起重責大任。透過訓練有素的社工，聯繫社福團體、結合醫學專業，幫助戒毒青少年養成規律生活與思考的習慣，也協助他們就業、就學，返回社會人群。社工也會協助家長、學校老師調整作法，時間證明這是相當有效的模式。學校結合社工連結社會相關反毒網路，才能真正幫助染毒學生及其家庭。因此，成功關鍵是政府整合龐大經費支持社工，社工與學校充分配合，能發揮校園反毒的綜效。

五、修改法令方便取得驗毒試劑及驗尿

誠實面對是解決問題的第一步，個人認同臺南市前副市長顏純左昨向中央喊話，希望修改法令，讓驗毒試劑如同驗孕棒在超商販售，達到預防、阻遏效果。顏純左表示：孩子在家的時間比待在校園長，家人卻通常是最晚發現孩子染毒的一環，他認為教師難以掌控所有學生，加上面臨超額等種種壓力，家庭應該站在防毒第一線。

六、校園染毒高風險族群經家長同意可驗尿

親師都對校園毒品氾濫感到憂心，若為學生安全把關，在家長同

意下贊同校園驗尿,是保護其他學生的預防措施,也可降低校園毒品黑數。當然,採集尿液應有完整保密措施,並建議由專業人士執行之,以減少疑慮。當然依「毒品危害防制條例」規定,特定人員具「必要性」才可驗尿,基於無罪推定原則,不應全面對學生採尿驗尿。

第九章

問題九：熱情流失，教師專業 如何點亮臺灣教育？

第一節　問題背景

用良師專業與熱情點亮臺灣教育

淡江大學教育政策與領導研究所退休教授　吳明清

　　教育的影響因素很多，舉凡行政、課程、教學、資源、設備、環境等，都是重要因素，惟學校教育實際運作的關鍵人物是教師，故師資良窳相當程度決定學校教育的品質與成效，因此培養優良師資，提升教師專業素養，實為教育改革與發展的重要課題。俗云：師資第一，教學為先，即為此意。

　　「良師」可以興國。所謂良師就是典範老師，也就是俗稱的「好老師」，是兼具經師與人師特質，而能傳道、授業、解惑的老師。誠如「師資培育法」第二條所揭示：師資培育應著重教學知能及專業精神之培養，並加強民主、法治之涵泳與生活、品德之陶冶。因此教師的專業素養應包含能勝任教師角色與職責的專業知能，以及無私奉獻的教育熱忱。好老師不但要有豐富的教育專業知識、技能和情意，而且要能積極任事、有效教學與輔導。

　　然而，良師並非天成，精緻的職前雕琢，以及務實的在職淬鍊，是涵育良師的必要過程。因此系統性、持續性的師資培育制度、課程及教育方式都很重要。據此來看臺灣中小學師資的培育，在師資養成方面，基於師範教育的優良傳統，雖因應開放社會的發展趨勢，而在20年前由

「計畫性培育」轉型為「儲備式培育」，但仍保有一定程度的專業嚴謹性與豐富性；加以「教師資格檢定」機制的把關，師資的養成與產出均具一定程度的水準。而在教師職涯發展方面，規定時數的在職研習與充分的進修機會，也有助於在職教師在專業上的持續精進；加上行政機關經常引進並倡導教育新理論和新方法，也相當程度帶動學校教育現場的專業活力。

　　然而，根據報載（中華民國105年5月10日中國時報A5；聯合報A6），臺灣師範大學教育政策小組在一場以「教育：美好世界的開端」為題的論壇中指出，臺灣的教育正遭遇三個困境：學生看不見未來，教師失去熱情，政策缺乏共識。其中教師失去熱情的問題令人怵目驚心。何以教師失去熱情？在近幾年師資供需嚴重失衡的情況下，取得正式教職誠屬不易，能進入學校服務的老師，應該珍惜此一奉獻教育的機會而熱情付出才對啊！如果中小學教師果真失去熱情，那我們對中小學教育還能有何期待？我們很難想像，缺了教師熱情的學校教育，將如何涵養學生的求知活力與成長期待？雖然我們不甚清楚臺師大的研究內容與方法，但其有關教師熱情的檢討值得國人省思與惕勵。何以中小學教師熱情不再？是委屈？是壓力？是困境？或校園生態已形成好逸惡勞、斤斤計較、得過且過、尸位素餐的教師文化？教育主管機關應全盤檢視臺灣的師資培育及在職進修的政策和制度，並做必要的改善，以確保中小學擁有值得驕傲的典範良師，而能以教師的專業素養和教育熱情帶動臺灣教育的向上發展。

教師評鑑政策發展之芻議

南華大學人文學院講座教授　楊思偉

壹、問題分析

　　教師是培養國家未來優秀人才之關鍵角色，所以社會大眾都十分關注教師專業素養與表現。就師資培育歷程來看，若要培育一位優良的教師必須歷經職前培育、實習與職後在職進修才能達成。因此職前培育和實習階段的重要性自然不在話下，而入職後在職進修之政策體系是否完整，更會影響教師個體職涯發展之意願、工作期望與工作成就。教師在職進修之議題，現在逐步改稱為「教師專業發展」，因專業發展其意涵較有教師自主學習之要素，所以現在成為較為通用之用語。目前就師資培育領域來看，先不就師資培育多元化後及少子女化導致之就業困難問題，所造成優秀青年學子不願進入師資培育種子行列之事，僅就社會變遷來看，由於資訊科技帶來的學習型態變化及知識更新加速，教師專業素養之成熟就非僅靠職前教育階段即能達成。因此必須透過教師在不同生涯階段持續專業成長與終身學習，始能因應教學現場新的挑戰與需求，發展成為精熟優秀之教師。另外，因部分教師未能符合社會期待，時有體罰、教學不力等不適任個案，嚴重影響社會對教師的觀感，尊師

重道與優質師道傳統文化亟待重塑。

　　這些年來，有關教師專業成長政策，因在教師法相關法規中明定教師有在職進修之權利與義務，所以也有許多正式或非正式之進修活動在展開中。官方部分由各層級政府，包括中央教育部及國教署、地方政府及各級學校分別辦理在職進修課程或活動，另由各類大學辦理學位、學分與非學分之進修活動，各種形式之專業成長活動琳琅滿目，又由民間團體所辦理之進修課程也有相當數量，也同時獲得承認。最近更由於「翻轉教室」與「學習共同體」等理念流行，也促使由教師個人或團體所推動之各種教學改善活動，所謂草根式改革運動由下向上推動，充滿朝氣，這些都是正向之教師教學能力改革活動，但是都是非制度性之作為，有一些老師會主動參加，但畢竟仍是少數，所以是否能全面帶給學校教師提升教學能力尚待探討。

　　至於與教師專業發展有關，是官方較為正式推動之措施，應是從2006年自「試辦」至「正式」辦理之高中以下各級教師之「教師專業發展評鑑」政策，作為教師專業成長之一項政策，其可算是較為完整之政策。因該政策主旨是要提升各級教師教學能力，促進專業發展之故。該政策整體而言，可說是已經發展到較為成熟之政策，這些年來也對現場教師提供一項專業成長與職涯進階之良好管道。但因為顧及教師團體一向標舉反對之立場，所以該政策推動一直是以緩進之腳步發展，鼓勵學校參加，所以方式是自願性的，可部分辦理的，也一定要經過校務會議或課程委員會通過才能辦理，因此據統計，目前推動之學校或人數仍只占全部的約半數左右，雖然其成果已經非常不易，本可以繼續努力下去，教育部原主政團隊也很認真繼續規劃推動之期程與策略，但非常可惜地，在政權更迭之後，目前民進黨教育首長在懷著「反評鑑」的意識型態，逢評鑑必反之心態下，將好不容易已經辦理10年之該政策，突然於2016年喊停，宣布改為「教師專業發展支持系統」，可說讓學界和學

校現場傻眼及跌破眼鏡。原本教育部師藝司規劃之政策目標，是將「教師專業發展評鑑」逐步轉入「教師評鑑」，並已經進行各種準備階段之措施。亦即，當暫時無法修正「教師法」之相關條文，無法將教師評鑑納入法條，以促使其法制化之前，可先實質地用其他方式，讓教師評鑑之理想逐漸實踐及落實，因為這是國際趨勢與社會期待。不過，目前乍然喊停，施行所謂「教師支持系統」，雖然仍將「教師專業發展評鑑」包入支持系統中之一項，但是否會繼續推動，應是凶多吉少了，值得繼續關注。

談論有關中小學是否該推動教師評鑑政策時，個別教育學者可能也有一些不同想法，但就教育學界和現場教師來看，應該大都會同意實施中小學教師評鑑之政策。因為在2013年前後，筆者在擔任教育大學校長時，曾協助師資藝教司規劃教師評鑑政策，當時評鑑大原則和評鑑架構都已經完成，而為了徵詢更多意見，召開非常多次的政策諮詢會和公聽會，也曾經進行大規模之問卷調查，得到教育學者支持，而一般教師約有六成左右乃是同意教師評鑑的，這在一般人都會擔心受評的心理下，仍有過半數以上表示同意，實在非常不容易，可見就教師個體來看，其實大多數教師也不一定會懼怕教師評鑑這政策的。

另外，就教育相關三大團體立場來看，校長協會和家長團體全力支持教師評鑑政策，僅有全國教師工會（全教總）反對該政策，並動員全部力量向立委遊說反對。有關過去修正「教師法」相關條文之進程，在國民黨主政時，曾經進到立法院教育委員會審議階段，但最後因前兩團體在是否將「評鑑結果和教師年度考績掛勾」意見不同，導致退回重議功虧一簣，以今日政治氣氛長遠觀之，以後該修正法規議案恐永遠不會出頭天了。

就反對之立場與觀點論之，據筆者所知，他們常以「教師已經很好不需評鑑」、「教師評鑑和教師教學能力提升無關」、「各國不一定

有推動教師評鑑」等從第一步「需不需要」就持反對立場，如果立場有些站不住，就進到「不反對評鑑這件事，但評鑑具體架構需要仔細思考」、「不同意行政人員擔任評鑑人」、「應由教師團體擔任評鑑主持單位」、「評鑑不能和考績結合」等，而事實上當時辦理公聽會時已將規劃之整體方案端出討論，很少教師團體成員會論及具體內容之意見，可見當時對具體內容並無太多意見，只是因立場問題，乃自始至終發言反對。

　　以臺灣現今政治環境來看，教師團體目前對教育政策決策之影響力很大；另教育主政單位很難較中立推動教育政策，常受政治干預；且缺乏強有力肯擔當之教育首長之現況下，任何對臺灣教育發展有益且具長遠性效益之政策都很難推出，所以其實也不用針對推動教師評鑑之必要性再作討論，因為相關討論已經很多，而且當「教師分級」、「教師證換證」、「淘汰不適任教師」等周邊配套政策也無法端出之際，針對教師評鑑政策，只是有無魄力「做不做」的問題而已。如果考量臺灣之競爭力，期望給予學生更多之教育力，乃至對教師職涯發展有一正向督促及激勵之政策機制，推動教師評鑑絕對是當務之急的政策。

貳、解決策略

　　教育部於2011年公布《中華民國教育報告書》，其中提到主要四項和師資培育有關之措施，包括：1.推動（制定）師資培育白皮書；2.訂定教師專業標準及教師專業表現指標；3.修正教師法並完備相關配套，推動中小學教師評鑑；4.獎勵優秀教師及積極處理不適任教師。教育部乃於2013年公布《師資培育白皮書》，2016年2月15日頒布「教師專業標準指引」，供各師資培育大學、縣市政府、各級學校及教師參照採行，可見教育部是依照相關教育政策文件一步步在推動的。但目前因換

黨執政，政策面臨大轉彎問題，主政單位也因為人事異動，政策幾乎快胎死腹中了。雖如此，基於教育發展有其必然之趨勢軌跡，因此筆者仍提出有關教師評鑑之解決策略，因受限於篇幅，僅概述要點如下：

一、修正「教師法」等法律，將教師身分確定為「教育公務員」身分。

二、將「教師專業發展評鑑」，明確納入「教師專業發展支持系統」政策之一繼續辦理。

三、教師評鑑結果之應用應和教師年度考績結合。

四、推動期程，可從新進教師開始推動，舊制者採取鼓勵方式推動。

五、將教師分級及換證政策同步規劃，並從新進教師開始推動。

「國家的未來在教育，教育的品質在良師」，教師素質是培育學生學習成就的最重要基礎，教師素質的高低攸關教育成敗。未來應推動教師評鑑，輔以宣導以傳統文化中「傳道、授業、解惑」的人師、經師模範為基礎，推動社會的傳承與創新，培育及培訓能理解新時代學生心理及回應社會變遷需求之教師，期望透過高素質之教師，育成高品質之人力資源，作為厚植國家競爭力之最重要資源。

用良師專業與熱情點亮臺灣教育

國立臺灣師範大學師資培育與就業輔導處教授　黃嘉莉

壹、問題分析

　　當任何人開始具有師資培育學生（簡稱師資生）的身分時，無論當時選擇教職的動機為何，在符合種種修課與考試及其他資格條件的規範下而取得教師證者，表示具備相當程度的知識、能力、熱情及毅力。經過教師工作競爭後，初次進入學校現場的教師，對於教育是持有理想與熱情，但是這股熱情能維持多久，攸關教師個人及學校和社會環境的支持。初任教師如面臨學校現場的真實震撼，自身專業知能又無法解決，或者面對學校繁瑣且例行不變的事務，或者無法施展革新教學，又或者創新教學不受認同等，如未能獲得適切的支持與陪伴，以解決個人內心與外在的問題，將會面臨失去熱情的危機。探究「教師失去熱情」的問題，來自於孤立無援或無法獲得成就感等因素，其因包括：

一、教師欠缺施展專業自主的成就感

　　就教師角色組合而言，涉及到學校與家庭複雜關係的糾結。如果撇開家庭因素而就學校而言，教師會失去熱情來自於無法施展專業自主的成就感，及面對無法改變、每天例行雜事、環繞著教育政策與各種教育議題宣導等訊息。教師無法施展專業自主的因素甚為複雜，有些來自

個人因素，當然也有來自環境因素。就後者探究之，教師專業自主展現在教室的教學及對相關議題的意見表達，對議題討論持有參與權與話語權。另外，當課程與教學被教學進度所限制，或因配合學校各種活動時間而壓縮進度，想要融入教學創新或試驗方案，都因時間侷限難以達成。就教師工作而言，教師精神報酬遠甚於實質，但精神報酬不僅來自於學生學習提升，也來自於對於教學工作的掌握程度。學校環境夾雜著繁瑣與例行，讓教學生活難有太大的變化，教師無法施展專業自主而得的成就感。

二、教師專業發展系統欠缺完備

在臺灣，教師專業發展幾乎圍繞在政策宣導與例行事務，教師最期待能夠革新教學的各種學習，礙於時間有限，無法自主朝向能改變教學或改變學生的方向規劃，教師專業發展零碎且未系統化。況且，當教師無法針對自己所需進行專業學習，無法解決現場的問題，即會產生無法掌控現場之感。教師面對學校現場所需解決的問題，係無法透過單一場次研習或工作坊即可解決，即使教師完全吸收研習的知識內容，仍有無法全盤移植到解決現場問題之限制。但是轉化歷程中，教師是需要陪伴且隨時提供支持，現有教師專業發展支持系統，既無法滿足教師教學現場需求，也無法提供最有效的專業發展方式，讓長達2～30年的教學生涯甚為平淡，外來干擾因素甚多卻又無法讓教師自發與滿足需求。

三、學校環境欠缺信任感

當今學校環境需要有教師間及校長與教師間信任感。信任感的建立來自於學校成員彼此間正式與非正式的互動經驗；除了人與人之間的互動外，還有包括校園建築的教室隔間所形成的空間。缺乏信任感，讓人容易產生孤立感與無助感，對於促進各種革新措施，也容易產生遲疑

或質疑；相對而言，如有信任感，則讓人較容易與他人合作，形塑凝聚力，有同舟共濟之感，在情感上較能有所依托或抒發，而使熱情不滅。

四、家長與社會價值觀的影響

教師不僅面對學生和學校人員，也必須面對家長與社會的價值觀。特別是家長的意見往往有所不同，不同意見就可能相互矛盾，或衍生更多問題，有時讓教師在處理上必須面面俱到並妥切處理。單就個案而言，就讓教師得花許多時間溝通協調，讓人心煩意亂。如學校立場與教師相同，教師便有支持的後盾，但如立場迥異，則教師便容易產生孤立無援的困境。只要一件單一個案事情的負面經歷，便能讓教師對教育產生失望或倦怠感，當然也容易失去熱情。

五、教育政策無法積累紮根

教育政策隨著社會變遷而有所改變，此乃教育順應社會發展之應然。然而，此「應然」落實到學校現場，政策來龍去脈的歷程與理念，教師往往都是被動執行者非參與者，呈現出意識型態普羅化，教師對於政策與策略執行不具有影響力。而教育政策隨著時代變遷而有所變動，隨著政策決策者的更換，政策無法延續容易讓教師產生保守心態，不易接受革新。政策無法積累與紮根，也讓教師容易對政策產生無力感或無感時，教師不知為何而戰，便容易澆熄熱情。

貳、解決對策

解決對策必須站在更高的高度審視，特別是維持或燃起教師的熱情，必須透過治理的點、線、面等角度思考，燃起教師的熱情必須先維持教師原有的熱情，進而激發帶動更多教師的情感認同。如從初任教師

進入學校後的時間發展軸，投入教職者都有其選擇動機，當初任教師進入校園時滿懷理想，想要施展其投入教職的志願。然而，此時仰賴學校中有支持的經驗教師，得以從旁提供各種資訊，讓初任教師既能快速融入學校生活，且當遇到挫折時，既能有情緒傾吐的對象，也能獲得精神與教學專業上的支持，建立教師間信任感與合作關係。當初任教師成為有經驗教師時，其教學專業與班級經營都有相當程度的成熟度，此時，教師應該能夠與他人合作參與各種革新或創新教學的試驗，以獲得階段性創新教學的知能，且能帶動其他教師的加入。此時應投入校內外資源，讓教師間可以有合作革新教學的機會，並獲得精進專業知能。當教師成為資深教師之際，教學專業與創新教學試驗等都有相當程度的知能，此時的教師應該成為領導其他教師進行各種國際性或教育改革的諮詢或創新，其視野與高度都應該成為其他資淺教師的典範。因此，教學生涯軌道的發展，雖不再以年資為首要標準，但卻可因教師表現差異而有不同職務角色，從自我充實到自我精進，進而影響其他教師的發展途徑。從上述教師專業發展的時間軸思考，如要教師熱情不減，從策略上可考量人力（組織）發展、策略、資源層面來看：

一、增進教師彼此之間的合作與協作機會

此乃為營造教師間相互依賴之氛圍。教師專業成長最有效的學習是來自同儕，從彼此的討論與分享過程中，教師得有相互依持的氛圍，並共同維護教導學生的情感，既能共同成長，又能有相扶持而不孤單的感覺，讓共存共榮的氛圍縈繞在教師每日工作中。因此，能促進此種氛圍的各種可以協作或合作的機會，都應讓教師有參與的時間和空間。

二、擁有促進學生學習進步的成就感

此乃為讓教師有專業自主的成就感。教師亦如學生般需有展現能力

的舞臺，在各種教師合作或協作的機會是以學生學習進步為目標，讓教師從學生學習成長中獲得成就感。在達到目標的歷程中，來自教師的創意發想，或來自外部資源的支持，讓教師精進教學或班級經營的構想能夠實踐，且學生學習成果有所進步，或班級氛圍有積極正向發展，都會讓教師深覺革新後的成就感。換言之，學校進行各種革新計畫，都能讓教師各種努力應能對實務或對學生產生影響。

三、安排妥切的學校交流空間

此乃為營造教師信任感之園地。傳統學校教師建築，讓教師教學空間侷限在班級中，容易產生教師的孤立文化，對於維持教師熱情而言，特別是來自於人際互動與關懷，將因建築結構的影響而有所侷限。學校空間安排應能讓教師得有交流的可能，無論在教學專業或個人情感或情緒上，都能夠獲得及時且有助於解決的支持。這不僅讓教師有機會瞭解彼此，也可以增進彼此的情感，對於教師維持其教學熱情和留任率，甚至幸福感的營造都有所幫助。因此，學校非正式或正式空間的安排，讓教師得以聚會與交流，都會增進教師相互間情感。

四、校長教學領導的帶領與支持

此乃為讓校園文化更具方向與溫馨。校長對於教師的教學，除了提供校內外資源外，也必須能在課程與教學上具有領導的效果，帶領教師進行教學議題的討論，或引入教學或班級經營最新趨勢，或引入校外資源陪伴教師實踐各種計畫或方案，且能行銷教師教學成果於外，肯定教師教學的改變。當校長能夠支持教師專業發展，並讓教師有專業自主的空間，提供合作的環境是得以讓教師在改變歷程中，同時感受到專業自主與受尊重的施展之處。因此，在校長的教學領導下，不斷為教師教學生活注入活力，亦能讓教師持續保有熱情。

五、整合校內外資源

此乃為避免重複或類似政策制度的干擾。政策之所以讓現場人員感到混亂，在於許多政策之本質或目標相同，但卻因為各種名義或新興革新，而開展各種不同方案或制度等。對於面對現場繁雜的教師而言，在忙碌的教學生活中，學校必須能夠從鉅觀社會與教育改變以及微觀教師教學生活立場，評估各種革新方案整合之可行性與必要性。尤其是本質目標相同的各種計畫資源，都必須經過檢視後恰如其分的進行資源整合，降低教師可能會因應各種革新措施而感受忙亂，或不知為何而戰之感。

六、發展判斷教師精進教學處之工具與機制

此乃為教師能以準確開啟教學精進之處。即使教師彼此相互合作，如缺乏檢視的工具或協助教師的機制，或讓教師的精進之處無法聚焦，或讓教師無法清楚自己所需協助處，容易讓教師產生無助或不知所措之感。此處便需要評鑑工具與機制，在此評鑑是結構性蒐集各種資料或證據，診斷教師需要協助之處。單從教師專業發展的角度而言，評鑑是一種蒐集證據、分析證據、診斷優劣之機制，是一種進行診斷的機制。透過檢視工具與結構性系統的操作，可以讓教師發覺問題點，採取適切的策略，進行所需的專業學習。

七、建構教師專業發展系統

此乃為教師可因表現而有發展軌道可循。學校教學的例行生活，一年復一年，如未在教學有所改變下，歷程2～30年一成不變的教學歷程會讓人有所怠惰。即使教師必須不斷專業發展，但面對發展結果僅限於從學生學習成長而獲得滿足而言，隨著教師專業知能與年資的增長，除

了行政人員職務外，教師是無法因角色任務的轉變而獲得自我與外部的肯定，從中獲得改變的動力。教師專業發展除行政軌道外，也應設計能讓教師成為協助教師的角色發展軌道，一來產出教師彼此間相扶持之效益，二來讓教師得有轉換角色任務，讓教學生活更為多樣與具發展性，教師角色能產生世代傳承的效果，教師成為彼此最忠實的支持者且信任彼此，相互依賴且又有方向可循。

以上因應之道，並非一對一解決特定問題，而是一種可綜合產出不同效益的措施。教師是一種幸福的職業，在不斷影響下一代教育中，教師熱情不應受到環境因素而減少；教師熱情的維持，實仰賴各項措施錯綜複雜且系統政策與制度之規劃。

第十章

問題十：階級弱勢，窮人如何
靠教育翻身？

第一節　問題背景

教育階級化的背景分析

前考選部政務次長　郭生玉

　　臺灣已成為一個M型社會，也就是說，原本以中產階級為主流的社會，因中產階級逐漸消失而轉變成富裕與貧窮的兩極端社會。財富M型化影響所及，教育也隨之成為M型化，亦即教育呈現階級化的現象。所謂教育階級化，就是指高社經水準的子女，就讀品質較優的名校，而低的則就讀品質較差的學校。以大學為例，「頂大無寒門，私大多弱勢」的雙峰現象，就是教育階級化的徵象。

　　教育階級化的問題，從兩篇文章的論述中可看出其嚴重性。一、私立學校收費比公立昂貴很多，從幼兒園到大學都在2倍以上。在實施十二年國教後，私校明星化現象愈趨明顯，弱勢孩子根本念不起，只能望門興嘆。到就讀大學時，只好靠學貸，讀完4年，債臺高築。社會貧富差距日益擴大的今天，此問題更加嚴重。二、弱勢孩子就讀收費昂貴私立大學的比率超過七成，進入12所頂大的比率卻僅占5.37%。以臺大102學年度為例，就讀的弱勢孩子只占1%而已。三、近5年來，私立大專院校學生助學貸款人數，是公立大專院校學生的4倍，貸款金額則為6倍。在弱勢孩子絕大多數都就讀私大的情況下，教育階級化日益惡化的趨勢，不容忽視。

　　教育是促進社會階級流動的引擎，如果它只是讓社會階級世襲或複製，不僅違反憲法規定的教育機會均等原則，而且，影響到社會的公平正義。因此，教育部應正視此一問題，並積極提出有效的解決政策。國外的作法，如新加坡的「教育儲蓄戶」、美國的「知識就是力量計畫」與英國的「倫敦挑戰方案」等，均值得參考。

第二節　問題診斷與對策

教育階級化　亟待積極面對

前臺北市教育局副局長　馮清皇

　　儘管我國「憲法」第一五九、一六〇、一六一條以及「教育基本法」第四條明文規定，人民不能因性別、年齡、能力、地域、族群、宗教信仰、政治理念、社經地位及其他條件，而接受不平等的教育機會，然近年來卻因為貧富差距的拉大、少語族文化的不利，經濟與文化弱勢家庭的日趨增多，再加上政府的消極、不作為或政策的失靈，促使這些弱勢家庭的孩子在學習的歷程中，普遍遭受失敗、挫折，而教育階級化的現象，也就隨著中產階級的消失、貧窮世襲化的鮮明而日趨嚴重。

　　根據研究指出，高社經地位家庭的子女對就讀篩選性高、學費低且聲譽好之公立大學，以及隨後進入研究所就讀的機會，會因擁有各種優勢的條件而高於低社經地位家庭子女，換言之，低社經地位家庭的子女以進入學費較高，且排名較低的私立大學居多（草根影響力文教基金會，2015；張宜君，2013；駱明慶，2002）。

一、競爭能力低弱，就讀高教不易

　　依教育部統計資料（詳如表10-1）顯示，102學年度來自於低收、中低收，或是身心障礙、原住民等弱勢家庭的學生，能進入高等教育

就讀者，比率僅約占當學年度之總學生數的2～8%，遠低於一般家庭的學生（自由時報，2015）；另從表10-2資料更可進一步看出，在這些低收、中低收，或是身心障礙、原住民等弱勢家庭能就讀於高等教育的學生總數22萬人當中，也有約17萬人落在私校，占比高達77.35%，而能有機會進入國家教育資源最多、5年500億元的十二所頂尖大學的，比率卻僅5.37%（聯合報，2015）。顯現出弱勢家庭學生在大學入學甄選（試）管道上，競爭力確實遠遠不及其他家庭學生，而符應了「頂大無寒門，私大多弱勢」的貧富階級寫照。

表10-1　我國102學年度弱勢家庭孩子就讀公私立大專院校人數（機會比）

學年度	公私立別	低收入戶		中低收入戶		身心障礙人士及子女		原住民族	
		學生人數	占總學生數	學生人數	占總學生數	學生人數	占總學生數	學生人數	占總學生數
102	公立大專校院	5,335	1.24%	2,847	0.66%	16,012	3.71%	5,651	1.31%
	私立大專校院	25,219	2.65%	8,492	0.89%	43,120	4.53%	15,663	1.65%
合計		30,554	3.89%	11,339	1.55%	59,132	8.24%	21,314	2.96%

資料來源：自由時報（2015）。

表10-2　我國103學年度弱勢家庭孩子就讀公私立大專院校人數（分配比）

學校別	公立大學		私立大學		頂尖大學
	公立技專	公立大學	私立技專	私立大學	
學生人數	22,970	27,110	127,252	43,847	11,886
占弱勢生人數	10.39%	12.26%	57.53%	19.82%	5.37%

資料來源：聯合報（2015）。

二、就讀私校率高，學費債臺高築

　　弱勢家庭學生就讀大學機率低且分布私校居多的現象，如果再進一步對照我國目前高等教育「公低私高」的學費收費標準（如表10-3所列），私立大專院校學生助學貸款人次與人數約為公立大專院校學生的4倍，貸款金額約為公立大專院校學生6倍，且貸款比年年增高（詳如表10-4）的事實，對原本就屬弱勢的學生來說，必須面對每學期籌措比公立大學更高學費，其所需承擔的經濟壓力，無非雪上加霜，此壓力即使可藉由助學貸款暫且獲得舒緩，惟仍可想像這些就讀於私立大學的弱勢學生於完成大學學業後，可能背負高額學貸的困苦生活景象。

表10-3　我國各級學校學雜費及代收代辦費收費標準表（分配比）

單位：新臺幣／元

		幼兒園	國中小學	高中	高職	一般大學	科技大學
公立	學費	7,000	免	6,240	5,400	25,230~39,560	24,340~28,390
	雜費	5,660	免	1,740~2,060	1,900~2,530		
	學分費	畢業學分數126~140（總學分費約128,520~161,000）				1,020~1,150	1,010~1,120
私立	學費	14,800	免	12,170~22,800	13,220~22,530	46,880~54,720	49,318~54,743
	雜費	16,200	55,226~57,764	4,510~4,900	4,130~6,330		
	學分費	畢業學分數126~140（總學分費約170,100~207,200）				1,350~1,480	1,379

資料來源：筆者整理自1.臺北市公私立各級學校104學年度第1學期學雜費及各項代收代辦費收費標準表；臺灣大學105學年度收費標準；臺灣科技大學104學年度收費標準；淡江大學104學年度收費標準；大仁科技大學104學年度收費標準；2.表列雜費計算含代辦費、實習（驗）費等；幼兒園費用未含交通費、保險費與法定其他費用。

表10-4　我國近5年公私立大學學生助學貸款人次、人數、金額比

年度		公立大專院校	私立大專院校	貸款比
100	貸款人次	127,019	501,683	3.95
	貸款人數	71,357	277,099	3.88
	貸款金額	3,656,636,118	22,016,149,726	6.02
101	貸款人次	122,774	485,818	3.96
	貸款人數	66,859	267,805	4.01
	貸款金額	3,568,447,409	21,538,156,905	6.04
102	貸款人次	116,562	464,142	3.98
	貸款人數	63,284	254,437	4.02
	貸款金額	3,400,742,102	20,790,101,243	6.11
103	貸款人次	109,394	436,770	3.99
	貸款人數	59,798	241,866	4.04
	貸款金額	3,194,603,683	19,793,570,233	6.20
104	貸款人次	106,829	420,502	4.00
	貸款人數	58,177	232,881	4.00
	貸款金額	3,147,916,118	19,005,109,029	6.04

資料來源：教育部高教司（2016）。

三、國教政策失靈，翻轉機會飽受威脅

　　針對上述問題，近年來教育部縱使已有因應政策，盡力協助弱勢家庭學生安心就學，例如，透過公立大學增加錄取弱勢家庭學生比率；或透過助學計畫給予弱勢家庭學生經濟支援；或透過助學貸款利息的降低、延長還款期限……等，然其所獲得的效益，卻因後來十二年國教政策的失靈，帶來影響與衝擊，讓弱勢家庭學生教育翻轉的機會，再度面臨威脅。

　　由表10-5統計資料顯示，我國國民中學在少子女化浪潮下，學生數顯著呈現逐年減少的趨勢，從2010年82.85萬人到2015年65.52萬人，6年

之間減少將近28萬人，每年平均減少約4.6萬人；但反觀私立國中學生數卻不減反增，自2011年起，平均每年以1,500人成長，究其因，無不與十二年國教政策的失靈有關。

國中這種「公減私增」的現象，主要係因十二年國教推動後，學生家長對升學制度反覆不定表示憂心，而以選擇可直升高中部的私立國中，來省去面對升學變數的困擾；再加上家長認為私校教學較公立學校有彈性，國三就開始上高一課程，高二就上完高中三年課程，這對未來參加大學學測、指考更有充分、完整的時間做準備使然（聯合報，2015b）。因此產生「私校國中一席難求，國小、幼兒園提前卡位」、「明星高中公私翻轉」等一連串漣漪效應，導致學生擁擠私校「窄門」，以取得未來參加大學考試更多的優勢。相信這種窄門、這種優勢的背後，所需付出的高額學費，絕非弱勢家庭學生所能承擔。

表10-5 99～104年公私立國中小學生數分布　　　　　　　　　　　單位：萬人

學校		99	100	101	102	103	104
國小	公立	148.86	142.51	134.07	126.41	121.85	117.91
	私立	3.07	3.19	3.26	3.30	3.42	3.52
國中	公立	82.85	78.26	75.29	73.83	70.89	65.52
	私立	9.13	9.06	9.19	9.36	9.43	9.25

資料來源：教育部（2016）。中華民國105年版教育統計。

當政府企圖藉由高等教育的擴張，讓更多弱勢家庭學生有機會進入大學，增加階級流動的機會，卻因「頂大無寒門，私大多弱勢」雙峰分布的事實，以及公私立大學的學費差異等，而讓此一政策幾乎沒有改變既有的社會階級（張宜君，2013）。同樣地，政府也想透過十二年國教政策來減輕升學競爭壓力、齊一高中職學費差距，卻也因升學制度設計的搖擺不定，以致「明星高中私校化」、「國中公減私增」，反而造成

另一個可能阻礙社會流動機會的隱晦性威脅。

　　當然，教育階級化形成之成因、涉及之範疇，既深且廣，實無法藉由單一政策獲得解決，但也不應就此選擇觀望、自我設限，甚至消極不作為。反之，更應多借鏡世界各先進國家的作法，例如，美國「幼兒及早教育」（Head Start）、「知識就是力量」計畫（Knowledge Is Power Program, KIPP）、英國「倫敦挑戰」方案（London Challenge）等，繼續為提升弱勢家庭學生教育競爭力、弭平社會階級落差的工作而更加積極努力。

扶助弱勢學生　避免教育階級化

國立臺灣師範大學師資培育與就業輔導處教授　張民杰

　　教育機會均等是我們教育的理想目標，教育的功能在促進社會階級流動，如果我們的教育只是社會階級再製，無法讓弱勢學生向上社會流動，無疑地教育的理想目標不見了，教育的功能亦無法彰顯，與社會普遍要求的公平、正義，背道而馳。以下我們來看看，弱勢學生就讀大學的情形，可以發現教育階級化正在形成，而唯有從幼兒教育做起，完善的弱勢教育政策，才能濟弱扶傾。

壹、弱勢學生就讀大學的情形

　　有關教育階級化的情形，根據立委林淑芬調查2012年163所全國大專院校弱勢族群比例發現，大專院校中低收入就讀學校比率，以千分比計算的話，和春技術學院占129.9個學生、慈惠醫護管理學院占98.9個學生、東方設計學院占95.3個學生，以上是弱勢學生就讀的前三名院校，而最後三名院校則皆為公立大學，分別是國立陽明大學、國立交通大學、國立臺灣大學。根據統計，臺灣大學於102學年度約有3萬2千多位學生，其中弱勢學生為351位，僅占1%，顯示愈窮的學生念的是私立大學（ETtoday東森新聞雲，2013年11月18日）。

　　以前政府會提供公費吸引弱勢優秀學生就讀師範院校，現在教育部

師資培育與藝術教育司則提供卓越獎學金，凡是學測、指考或統測，只要國英數三科符合均標，均可以報名，而經濟弱勢或區域弱勢者，優先錄取。以作者服務的臺灣師範大學為例，在99學年度時提供35個名額，當時設定門檻為家庭年收入新臺幣90萬元以下且國英數達均標之學生，均可報名並優先錄取，結果符合標準的僅3人，占報名人數的1.7%。後來逐漸放寬門檻，雖然報考人數變多，即使放寬到家戶年所得新臺幣148萬元以下，但弱勢學生仍只占18.2%（國立臺灣師範大學師資培育與就業輔導處，2016）（見表10-6），換句話說，倘若我們不從小開始紮根，到大學時才想要獎助弱勢優秀的學生已來不及。

表10-6　國立臺灣師範大學歷年師資培育卓越獎學金弱勢學生錄取情形一覽表

學年度	核定名額	報考人數	弱勢報名人數	學測指考統測國英數要求	弱勢條件
99	35	179	3	國、英、數達均標以上	符合兩個條件之一：1.低收入戶、中低收入；2.設籍偏遠或特殊地區。
100	35	175	12	國、英、數達均標以上	符合三個條件之一：1.低收入戶、中低收入、2.設籍偏遠或特殊地區；3.家戶年所得新臺幣90萬元以下。
101	32	178	15	國、英、數達均標以上	符合三個條件之一：1.低收入戶、中低收入、2.設籍偏遠或特殊地區；3.家戶年所得新臺幣90萬元以下。
102	50	191	19	國、英、數達均標以上	符合三個條件之一：1.低收入戶、中低收入、2.設籍偏遠或特殊地區；3.家戶年所得新臺幣114萬元以下。
103	60	194	16	國、英、數達均標以上，其中至少一科達前標	符合三個條件之一：1.低收入戶、中低收入、2.設籍偏遠或特殊地區；3.家戶年所得新臺幣148萬元以下。
104	70	215	27	國、英、數達均標以上，其中至少一科達前標	符合三個條件之一：1.低收入戶、中低收入、2.設籍偏遠或特殊地區；3.家戶年所得新臺幣148萬元以下。

貳、完善的弱勢教育政策從小做起

　　扶助弱勢，需要一套從小開始有系統的完善教育政策，限於篇幅，以下僅舉出兩項具體的教育政策建議：

一、建立持續有系統的課業輔導補救教學計畫

　　弱勢兒童因家長負擔不起托育費用，導致無法接受學前教育，而未上過幼兒園兒童進入國小後，更因程度落差太大，無法跟上學習進度，而致課業落後、自我效能感低落，嚴重影響後續學習和發展（謝傳崇，2010）。到了國中，目前會考國英數社自待加強的學生比例為18%、33%、33%、15%、23%，其中，5科都待加強的學生約占總數的7%；國際測驗也顯示臺灣仍有12%的學生未具備參與現代社會運作所需的基本學力，以全國200萬國中小學生的一成計算，表示我國國中小有20萬學生等待失敗，他們不是提早成為學校教室的客人，就是中輟離開學校（國立臺灣師範大學教育政策小組，2016）。因此可見集中資源協助弱勢，尤其要聚焦在基本學力，並即時進行課業輔導和補救的重要性。目前教育部推動之補救教學計畫，應更持續地推動並檢討其推動成效，讓每一個孩子具備未來社會所需要的基本學力，不會因為其家庭弱勢的因素而受到阻礙。再者，可以思考成立教育志工銀行網絡，以讓軍公教退休人員風華再現，並結合現有師資培育大學的師資生，接受補教教學的培訓，擔任補教教學的師資。而在學生求學的過程，也應該建立學生基本學力的監控機制，學生學習出現問題或困難，及早介入待加強學生的補救教學，愈早效果愈好。

二、設置教育儲蓄專戶為弱勢學生儲蓄教育基金

　　目前各級學校均有政府與民間機構許多扶助弱勢學生的獎助學金，有必要加以整合，擴大辦理教育儲蓄戶的設置。其作法包括以教育部所屬的學產基金（近50億新臺幣）為基礎，透過相關稅修法的修訂，鼓勵各界捐款，成立數額巨大的弱勢生教育基金，提供生活、學習、心理的輔導及經濟上的濟助。以新加坡為例：其教育儲蓄戶（EDUSAVE）在1993年成立，政府當時撥款1億美金設立，2013年已經累積到5.5億美金。其受益的對象包括所有7到16歲的新加坡學生，其獎補助非常多，以其教育部網站就有10多種，例如：特殊教育學生成就獎勵、優良進步獎勵、儲蓄戶獎學金、年度獎勵等等，以獎勵各種不同的優秀和清寒學生。

　　最後，值得一提的是美國的知識即力量（Knowledge Is Power Program, KIPP）學校，一個蠻成功且規模蠻大的特許學校計畫。其創辦於1995年，20年來已在全美二十州，成立140所KIPP中小學，幫助了55,000名低收入家庭學生，九成三的KIPP畢業生進入大學。該計畫克服了弱勢孩子大學畢業的五項挑戰：給孩子嚴謹的學習、理財能力、好的升學輔導、終身的諮商，以及發展學生學習的七大品格：毅力、復原力、自我控制、熱誠、好奇、感激、樂觀等（林麗冠、侯秀琴譯，2007）。臺灣日前已經通過教育實驗三法，其中「學校型態實驗教育實施條例」、「公立國民小學及國民中學委託私人辦理條例」，容許政府或民間以公辦公營、公辦民營方式辦理各項教育實驗，KIPP學校的作法綜合了上述兩項扶助弱勢學生的措施，可以參考。

參考文獻

壹、中文部分

Diamandis, P. H. & Kotler, S. (2016). 膽大無畏：這10年你最不該錯過的商業科技新趨勢，創業、工作、投資、人才育成的指數型藍圖。吳書榆（譯），臺北市：天下文化。

ETtoday東森新聞雲（2013年11月18日）。窮小孩念書難翻身？頂尖國立大學「弱勢生」僅0.4%。資料檢索自：http://www.ettoday.net/news/20131118/297374. htm#ixzz4EqHgqznq。

內政部戶政司（2015）。人口資料庫。檢索自：http://www.ris.gov.tw/zh_TW/346

內政部戶政司（2016）。臺灣歷年全國人口統計資料。2017年3月12日，取自：http://www.ris.gov.tw/346;jsessionid=E43BE9610997A65B4F6E7949A82A97F1公立高級中等以下學校教師成績考核辦法（2013）。

王金國（2009）。**品格教育：理論與實踐**。臺北市：高等教育。

古佳敏（2009）。**國民教育向下延伸政策發展之可行性──由美國與法國幼教經驗檢視**（未出版碩士論文）。國立暨南國際大學比較教育學系，南投縣。

自由時報（2015）。星期專訪──臺聯黨主席黃昆輝：受教均等 給弱勢孩子翻轉機會。2017年4月12日，取自：http://news.ltn.com.tw/news/life/paper/919078

吳文侃、楊漢卿（2001）。**比較教育學**。臺北市：五南。

吳清山、張素偵（2001）。當前國民中小學校長遴選制度之檢討與改進。**臺灣教育，605**，2-9。

李柏佳（2006）。國民教育法的解構與建構。**全國律師雜誌**，95年10月號，頁12-25。

李柏佳（2008）。國民小學校長權責的省思與前瞻。文載於中華民國學校行政學會主辦之學校行政論壇第二十次研討會，國立臺灣師範大學，臺北市。

李琪明（2007a）。品德教育面臨轉型的解構與重建。**研習資訊，24(1)，**
　　33-41。

李琪明（2007b）。**學校品德教育推動策略及評鑑指標研究報告**。臺北
　　市：教育部。

周仁尹（2008）。**我國中小學校長培育政策工具之研究**（未出版之博士論
　　文）。國立臺灣師範大學，臺北市。

周祝瑛（2009）。邁向十二年國教基本教育：由繁化簡的高中、職免試入
　　學方案。**教育資料集刊，42，**25-42。

周淑卿、曾祥榕（2016）。學校總體課程的思考與規劃：以桃子腳中小學
　　為例。輯於國家教育研究院**邁向十二年國教新課綱：學生學習與學校**
　　本位課程研討會資料。新北市：國家教育研究院。

林文律（2000）。美國校長證照制度。**國立臺北師範學院學報，**13，65-
　　90。

林天祐（2000）。**教育行政改革**。臺北市：心理。

林明地（2002）。**校長學：工作分析與角色研究取向**。臺北市：五南。

林貴美、劉俊賢（2007）。法國初等教育現況與改革。**教育資料集刊，**
　　33，189-209。

林新發（2008）。教育行政領導。載於謝文全（主編），**教育行政學：理**
　　論與案例（頁287-326）。臺北市：五南。

林雍智（2011）。日本東京的教師評鑑——人事考課制度評析。**教師天**
　　地，175，72-78。

林曉雲（2016a）。世界教師日前夕全教總要求停止教師專業發展評鑑。
　　自由時報，2016年10月4日，取自http://news.ltn.com.tw/news/politics/
　　breakingnews/1845324

林曉雲（2016b）。課綱法制化第1步　課審會首納學生代表。**自由時報電**
　　子報。2016.05.06取自http://news.ltn.com.tw/news/life/paper/986843

林麗冠、侯秀琴譯（2007）。**KIPP學校如何打破學習困境，扭轉孩子的**
　　未來（原作者：J. Mathews）。臺北市：天下文化。

林騰蛟（2012）。國民中小學校長遴選制度評析。**臺灣教育評論月刊，** 1(13)，57-60。

查理斯‧凱普納等著，伍學經等譯（2007）。**問題分析與決策**。臺北市：中國生產力中心。

范熾文（2008）。**學校經營與管理——概念、理論與實務**。高雄市：麗文。

秦夢群（1999）。營造學習型組織學校：教育行政人員應有的體認與策略。**教育資料與研究，** 29，11-16。

秦夢群（2006）。**教育行政學：理論部分**。臺北市：五南。

草根影響力文教基金會（2015）。教育M型化加深！調查：中下家庭子女讀私立大學超過六成。2017年3月20日，取自：https://www.thenews-lens.com/article/19553

高杉尚孝著，鄭舜瓏譯（2013）。**麥肯錫問題分析與解決技巧**。臺北市：大是文化。

高苑科技大學（2015）。**招生資訊資料庫及行政會議報告資料**。

高級中等以下學校教師評審委員會設置辦法（2015）。

高級中等教育法（2016）。

國民教育法（2016）。

國民教育法施行細則（2016）。

國立臺灣師範大學師資培育與就業輔導處（2016）。**歷年師資培育卓越獎學金弱勢學生錄取情形一覽表**（未出版之統計資料）。臺北市：國立臺灣師範大學師資培育與就業輔導處。

國立臺灣師範大學教育政策小組（2016）。**教育：美好世界的開端**（未出版之對新政府教育政策建言新聞稿）。臺北市：國立臺灣師範大學公關室。

張宜君（2013）。**高等教育擴張與階級不平等：以臺灣高等教育改革為例**。2017年4月12日，取自：http://www.ios.sinica.edu.tw/ios/E/msg/friday/20131227.pdf

張榮輝（2015）。我國中小學校長協會組織發展、校長賦權增能與學校組織績效關係之研究。（未出版之博士論文）。國立臺北教育大學，臺北市。

張錦弘（2016）。教師專業發展將轉型由下而上 教育部：鼓勵揪團進修。聯合新聞網，2016年10月5日，取自http:/udn.com/news/story/6888/2002890

教育部（2001）。我國加入WTO一有關教育服務業達成之共識。臺北市：教育部。

教育部（2014a）。103年中華民國教育統計。臺北市：教育部。

教育部（2014b）。教育部品德教育促進方案。2017年3月26日取自http://ce.nae.r.edu.tw/policy.php.

教育部（2015a）。104年中華民國教育統計。臺北市：教育部。

教育部（2015b）。103學年度全國國中小空餘教室統計。未出版之官方資料。臺北：教育部。

教育部（2016）。中華民國105年版教育統計。2017年3月20日，取自：http://stats.moe.gov.tw/files/ebook/Education_Statistics/105/105edu.pdf

教育部（2016.9.28）。教育部輔導私立大專校院改善及停辦實施原則。取自http://edu.law.moe.gov.tw/LawContentDetails.aspx?id=GL001182

教育部（年代缺）。高中職課綱微調已於7月31日公布，為十二年國民基本教育第一波課程持續精進【教育部新聞稿】。取自http://12basic.edu.tw/File/News/178/72.docx

教育部高教司（2016）。高中職以上學校學生就學貸款統計。2017年4月12日，取自：http://data.gov.tw/node/28387

教師法（2014）。

莫家豪（2004）。中國大陸、香港、臺灣高等教育市場化：源起與理解。載戴曉霞、莫家豪、劉安邦主編（2004），高等教育市場化。北京：北京大學。

許鈺羚（2017.2.17）。私校轉型退場，別再用少子化當藉口。獨立評論

@天下。http://opinion.udn.com/opinion/story/6785/2288847

陳淑美（1999）。品德教育之探討。**臺灣教育，587**，15-20。

陳雅慧（2012）。十二年國教來了九成五國中老師想變 不到二成有行動。親子天下，**38**，2017年3月2日，取自https://www.parenting.com.tw/article/5043025

程晏鈴（2016）。還在吵學習歷程檔案會造假？臺灣早已跑輸輸韓國。天下雜誌，2016年12月14日，取自http://www.cw.com.tw/article/article.action?id=5079928

黃乃熒（2000）。**後現代教育行政哲學**。臺北市：師大書苑。

黃政傑（2008）。品德教育的問題與展望。載於黃政傑主編：**新品格教育！人性是什麼**（頁261-284）。臺北市：五南。

黃嘉雄（2008）。析評英國學校自主管理政策。**國教學報**，10期，135-164。

黃德祥（2004）。**青少年發展與輔導（二版）**。臺北市：五南。

黃德祥、洪福源（2004）。美國品格教育的內涵與實施。**臺灣教育**，（625），17-29。

黃德祥、謝龍卿（2004）。品格與道德教育的內涵與實施。**教育研究月刊，120**，35-43。

奧村隆一著，黃文玲譯（2011）。**少子化衝擊——改變中的勞動、消費、產業結構**。新北市：楓葉社文化事業有限公司。

楊國賜（主編）（2001）。**大學教育政策白皮書**。臺北市：教育部。

楊深坑（1988）。**理論、詮釋與實踐**。臺北市：師大書苑。

楊朝祥（2010）。預應十二年國教，後期中等教育何去何從。**教育資料輯刊，46**，1-26。

溫明麗（2008）。**教育101：教育理論與實踐**。臺北市：高等教育。

臺視新聞（2017.2.8）。**少子化衝擊考生減 教部評估私校退場機制 私校財務不佳積欠薪資 優先列專案輔導**。取自http://www.ttv.com.tw/news/view/10602080013500A/568

劉乙儀、張瑞村（2015）。從十二年國民教育政策脈動展望臺灣學前教育的發展。**臺灣教育評論月刊，4**(2)，65-71。

劉秀嫚、李琪明、陳延興、方志華（2015）。品德教育現況及因應十二年國教課程改革之調查研究。**教育科學研究，60**(2)，79-109。

劉春榮（2010）。我國國民教育議題與展望。載於國家教育研究院編著：**我國百年教育回顧與展望**（頁67-78）。新北市：國家教育研究院。

蔡春美（2002）。從國教向下延伸談K教育的延伸。**教師天地，119**，16-20。

蔡德輝、楊士隆（2013）。**少年犯罪理論與實務**。臺北市：五南。

鄧煌發、陳建軍（2015）。新北市國中生校園霸凌之研究。2015犯罪防治學術研討會論文集。桃園：中央警察大學。

鄭崇趁（2008）。校長專業證照與學校學校績效評鑑。**北縣教育，62**，21-27。

鄭琪芳（2013，9月23日）。中壯年所得，也倒退14～16年。**自由時報**。

駱明慶（2002）。誰是臺大學生？──性別、省籍與城鄉差異，**經濟論文叢刊，30**(1)，113-147。

聯合報（2015a）。七成窮孩子讀學費貴的私校 12所頂大弱勢生比率僅7%。2017年4月12日，取自：http://edushare.sclub.com.tw/viewthread.php?tid=12633

聯合報（2015b）。十二年國教後……私立國中學生數反增。2017年4月10日，取自：https://udn.com/news/story/6885/1313765

聯合報（2016）。5年內班數大減，公立國中小將裁8,227教師員額。2017年4月10日，取自：https://udn.com/news/story/6888/1752609

薛春光、張榮輝（2013）。**檢視國民教育法及相關教育法規以提升校長權責**。臺北市，未出版。

謝文全（2008）。**教育行政學**（三版）。臺北市：高等教育。

謝傳崇（2010）。國民教育向下延伸刻不容緩。**師友月刊，210**，49-53。

顏士雯（2003）。K-12國教向下延伸看幼兒托育與教育整合。**教育學**

苑，**3**，37-42。

顏厥安（1998）。當前教育法制改革的幾個重點：一個初步的反省。取自 http://www.sinica.edu.tw/info/edu-reform/farea3/gt3_a2- html

羅一心（2016）。中市觀摩上課不納入評鑑 家長團體抗議。TVBS，2016 年10月27日，取自http://news.tvbs.com.tw/politics/682370

行政院經濟建設委員會（2010）。2010年至2060年臺灣人口推計。2017 年3月26日，取自：http://iknow.stpi.narl.org.tw/Post/Files/policy/2012/ policy_12_017_1.pdf

貳、外文部分

Avolio, B. J., & Bass, B. M. (2004). *Manual for the multifactor leadership Questionnaire: Manual and sampler set* (3rd ed.). Menlo Park, CA: Mind Garden.

Bolman, L. G., & Deal, T. E. (2003). *Reframing organization: Artistry, choice and leadership* (3rd ed.). San Francisco, CA: Jossey-Bass.

Burns, J. (1978). *Leadership*. New York, NY: Harper and Row.

Cheng, Y. C. (1994). Principal's leadership as a critical factor for school performance: Evidence from multi-levels of primary schools. *School Effectiveness and School Improvement*, 5(3), 299-317.

Druck, P. F. (1993). *Post-capitalist society*. New York: Harper Business.

Foucault, M. (1988). *Technologies of the self*. Edited by L. H. Martin, H. Gutman and Patrick H. Hutton, pp. 16-49. Boston, MA: Univ. of Massachusets Press.

Fullan, M. (1982). *The meaning of educational chahge*. N.Y.: Teachers College Press.

McKinsey & Company. (1996-2017). Meister high schools. *McKinsey on society*. Retrieved from http://mckinseyonsociety.com/e2e_casestudy/meister-high-schools-south-korea/

Ministry of Education, Sigapore (2017). *EDUSAVE*. Retrieved form:https://www.moe. gov.sg/ education/edusave

OECD (2011). *Lessons from PISA for the United States, strong performers and successful reformers in education*. Paris: OECD.

OECD (2012). Indicators of education systems. April 1, 2017 Retrieved from https://www.oecd.org/education/skills-beyond-school/49338320.pdf

Owens, R. G. & Valesky, C. T. (2007). *Organizational behavior education: Adaptive leadership and school reform* (9thed.). Boston, MA: Pearson Allyn & Bacon.

Owens, R.G. (2001). *Organizational behavior in education* (7th ed.). Boston, MA: Allyn and Bacon.

Portland Public Schools (2011). License and NCLB highly qualified. Retrieved from http://www.pps.k12.or.us/departments/hr/2930.htm

Prosser, C. (n.d.). Prosser's sixteen theorems on vocational education: A basis for vocational philosophy. Retrieved from http://www.morgancc.edu/docs/io/Glossary/Content/PROSSER.PDF

Romer, P. M. (1994). The origins of exdogenous growth. *Journal of Ecnomic Perspectivres, 8*(1): 3-22.

Schein, E. H. (1985). *Organizational culture and leadership.* San Francisco, CA: Jossey-Bass.

Shapiro, J. P., Gross, S. J. &Shapiro, S. H. (2008). Ethical decisions in turbulent times. *School Administrator, 65*(5), 18-21.

Spillane, J. P. (2006). *Distributed leadership*. San Francisco, CA: Jossey-Bass.

Stibitz, S. (2015, May 22). How to get a new employee up to speed. *Harvard Business Review*. Retrieved from https://hbr.org/2015/05/how-to-get-a-new-employee-up-to-speed

Texas Education Agency. (2007-2017). *Career and technical education information*. Retrieved from http://tea.texas.gov/Texas_Educators/Certification/

Career_and_Technical_Education_(CTE)/Career_and_Technical_Education_Information/

UNESCO (2015). Education 2030: Towards inclusive and equitable quality education and lifelong learning for all. April 6, 2017 Retrieved from http://www.unesco.org/fileadmin/MULTIMEDIA/HQ/ED/ED/pdf/FFA_Complet_Web-ENG.pdf

United States Department of Labor, Bureau of Labor Statistics (2009). Teachers-kindergarten, elementary, middle, and secondary. Retrieved from http://www.bls.gov/oco/pdf/ocos318.pdf

Vos, F. & Dryden, G. (1994). The Learning Revolution. 林麗寬（譯）（1997）。**學習革命**。臺北縣：中國生產力公司。

Yukl, G. A. (2006). *Leadership in organization* (6th ed.). Englewood Cliffs, NJ: Prentice-Hall.

大塚豊（2011）。中国における校長の職務と特徴。載於佐藤晴雄（2011）。**校長入門—新任校長の職務と心得**（頁32-33）。東京都：教育開発研究所。

文部科学省（2013）。公立学校における校長等の登用状況等について。取自http://www.mext.go.jp/b_menu/houdou/22/10/attach/1298528.htm

岩崎正吾（2011）。ロシアにおける校長の職務の特徴。載於佐藤晴雄編，**校長入門—新任校長の職務と心得**（頁30-31）。東京都：教育開発研究所。

露口健司（2011）。教員評価の「定着」と「形骸化」。**教職研修**，2011年4月号，62-63。

您，了没？

趕緊加入我們的粉絲專頁喲！

教育人文 & 影視新聞傳播～五南書香

五南圖書　教育／傳播網
https://www.facebook.com/wunan.t8

等你來挖寶

絲專頁提供──

書籍出版資訊（包括五南教科書、
知識用書、書泉生活用書等）

不定時小驚喜(如贈書活動或書籍折
扣等)

粉絲可詢問書籍事項（訂購書籍或
出版寫作均可）、留言分享心情或
資訊交流

封面圖
不定期
會更換

請此處加入
按讚

國家圖書館出版品預行編目資料

當前臺灣重大教育問題的診斷與對策／黃昆
輝等主編. ——初版.——臺北市：五南，
2017.09
　　面；　公分
　　ISBN 978-957-11-9362-5（平裝）
　　1.臺灣教育　2.文集
520.933　　　　　　　　　　106014513

1IZX

當前臺灣重大教育問題
的診斷與對策

策　　　劃 ― 財團法人臺北市賈馥茗教授教育基金會（332.1）
　　　　　　　財團法人黃昆輝教授教育基金會
主　　　編 ― 黃昆輝、江文雄、吳明清、郭生玉、黃政傑
　　　　　　　周愚文
發 行 人 ― 楊榮川
總 經 理 ― 楊士清
副總編輯 ― 陳念祖
責任編輯 ― 李敏華
執行編輯 ― 周愚文、王慕羽
封面設計 ― 姚孝慈
出 版 者 ― 五南圖書出版股份有限公司
地　　　址：106台北市大安區和平東路二段339號4樓
電　　　話：(02)2705-5066　　傳　　真：(02)2706-6100
網　　　址：http://www.wunan.com.tw
電子郵件：wunan@wunan.com.tw
劃撥帳號：01068953
戶　　　名：五南圖書出版股份有限公司
法律顧問　林勝安律師事務所　林勝安律師
出版日期　2017年9月初版一刷
　　　　　2018年10月初版二刷
定　　　價　新臺幣340元

※版權所有・欲利用本書內容，必須徵求本公司同意※